なぜ9割の飲食店経営者はスライムなのか

金本祐介
児島雄太

マネジメント社

本気で経営を考えず行動しない人は、飲食店を経営してはいけません。
今すぐ飲食店経営をやめたほうがいいし、本書を読む必要もありません。
スライムから脱皮して、本気で経営しようとする人だけ読んでください。

はじめに

生きた教訓

私は今まで、日本と海外あわせて30店舗以上を閉店させるという大失敗を経験してきました。28歳の頃には社員が全員辞めて、一人社長としてアルバイトと一緒に現場に入り、一から会社を立て直すという、目の前が真っ暗になる経験をしました。

それからも倒産の危機は数回どころではありません。世間では、失敗を糧に学ぶことは大切だと言いますが、しなくてもいい失敗はしなくていいと断言できます。

日本は失敗に厳しい国です。世間の風当たりは厳しく、一度失敗すると「失敗者」として消し難い烙印を押されるのです。そんな失敗者の私が伝えることがあるのだろうかと心配される方もおられるでしょう。

私は、失敗も成功も含めて、多くの経験や回り道をした自分だからこそ伝えることがたくさんあると思っています。過去は変えることはできないけれども、過去の解釈を変えることはできるのです。幼少の頃からの環境や今までの経験が今の自分をつくっています。大切なのは「今、ここからどうするのか」です。

この本では、私が自分の失敗経験から学んだことや、うまくいった経験とその要因を余すことなくお伝えします。

私は多くの失敗＋成功経験――コロナ禍において11店舗の焼肉店を出店したり、海外や複数業態の出店など、多種多様な経験をしてきました。今は、素晴らしいチームと共に日本一の焼肉グループを目指しています。まだまだ道半ばですが、私のチャレンジは続きます。

これから独立しようと考えていたり、複数店舗を経営していきたい人にとっては、本書ほど真に役立つ教訓はないと思っていますので、ぜひご一読いただき、あなたのチャレンジに活かしてほしいと思います。

児島　雄太

スライムからあなたを守る本

毎日通う道。昼食をとってからの出勤。そんなルーティンの中、いつも通っているラーメン屋さんのシャッターが閉まっていました。

「誠に勝手ながら閉店させていただきます」

コロナ禍中、多くの飲食店経営者が限度額ギリギリまでゼロゼロ融資（金利ゼロ、保証料ゼロ）を借りたことでしょう。その時をなんとか生き抜いていくために……。

だが、コロナが明けて通常営業に戻った現在、借り入れしたゼロゼロ融資の返済が始まりました（2023年より）。私もそうですが、コロナ前以上の業績に戻さなければ、ゼロゼロ融資を返済できなくなってしまいます。

日を追うごとに廃業していく店舗が増え続けても、一般の常連客は「潰れてしまったのかぁ〜、残念」くらいにしか思わなかったでしょう。

しかし、同業者の私からすると、心臓が潰される思いです。廃業＝倒産。多くの借り入れがあって、今後もずっと借金を返し続けなければならない。

同じ飲食店経営のある仲間には、中学生と高校生の子どもがいました。

子どもたちの今後の学費はどうするのか？

借金を返しながら、これからの就職先はどうするのか？

経営難をきっかけに、離婚とかに発展しないのか？

絶対にあってはならないが、自らの命を絶とうと考えていないか？

などなど、マイナス思考に支配されてしまいそうになりました。

私自身はコロナ禍の緊急事態宣言中、コロナ明けの仕掛けを綿密に考えて実践していたので、コロナ前に比べ２００％以上の売上を更新していくことができました。

そこで、苦楽を共にした児島雄太氏と共著で、どのようにしてコロナ禍を打破し、圧倒的な増収増益経営ができたのか――そのマインドや手法を多くの方々にお伝えし、少しでも飲食店を元気にしたいという使命感をもって執筆することにしました。


本書では「スライム」という言葉を少し過激な揶揄表現として使っています。もともとは英語「slime」で、日本語に訳すと「粘液」や「ぬめり」を意味し、生物が体外に

はじめに
スライムからあなたを守る本

分泌する粘り気のある液体や特定の状況下で物質が生成する滑らかでヌメっとした（気味のわるい）質感を指します。たとえば、カタツムリが移動する際に出す粘液や、湿った土から発生するヌメリなどです。

飲食店経営者に宿る気味のわるい生物（考えや性質のようなもの）はまさにスライムです。スライム状態になっている飲食店経営者が、少しの知恵と行動でスライムから脱却して進化できるようにという意味も込めています。

過去に私は、何度も倒産危機に直面し、２０１４年に大きな精神疾患を患ってしまいました。詳しくは拙著『心いってもうた』（セルバ出版）に顛末を書いています。

大きな山場を幾多も乗り越えてきましたが、その度に、飲食店に関するマネジメント本や販促本、自己啓発本などを読みあさり、多くの研修にも参加しました。もちろん、それら

を通して、自分自身の未熟な面や可能性にも気づくことができたのですが、経営改善に至らなかったことも多々ありました。

その原因は、地盤が固まる前に次へ次へとブロックを積みすぎたことにあります。そのために崩落事故を起こし、結局問題解決に至らなかったと感じています。読書をしたり、研修に参加することで、自分の知らない知識を得るのはとても大切なことですが、まずは「己」自身を知らなければなりません。

マネジメントなどの問題で苦悩すればするほど、無意識に『成功』という言葉に反応し、『成功』にまつわる自伝やマネジメント本を手に取ってしまいがちです。そして、自分の苦労と照らし合わせてそこから抜け出そうと頑張りはするのですが、なかなか打破できないのが現実ではないでしょうか。

なぜなら、これらの学びだけでは根本的解決には至らないからです。たとえば、1つの倒産には29項目の『原因』があり、その原因につながる『要因』が３００項目あると言われています（ハインリッヒの法則）。

本書は物事を逆説的にとらえて『要因』に着目し、潜在的問題を自覚し、そこから問題を解決・改善していく内容になっています。

本書を通して、自分の未熟な面を素直に受け入れ、改善し、1つのショートゴールを決めて歩みを進めていきましょう。

本書では、私一人の個人的見解だけではなく、売上改善実績がある黒字化経営スペシャリストの児島雄太氏と共にあらゆる角度から解説しています。われわれの経験や教訓をベースに、利益が出て、キャッシュがしっかり残るノウハウを惜しみなく公開していきます。

それでは、『なぜ9割の飲食店経営者はスライムなのか』から、あなたを救う〝奥の手〟〝必殺技〟を公開していきます。

金本 祐介

『なぜ9割の飲食店経営者はスライムなのか』　もくじ

第2章　繁盛店にするためのマインドセット

第3章 飲食店経営のキモ —— 人材育成とチームづくり

第5章　顧客満足——QSCが基本

第6章　数字に弱いあなたが押さえなければならないポイント

第1章

体内にスライムがうようよいる経営者

ヒマなお店の共通点

私はかつて、からだの中に何体ものスライムを飼育していました。

27歳の時に、昔からの夢であった居酒屋をノリと勢いでオープンしました。商品知識以外はまったくの無知で、経営の勉強なんてすることはありませんでした。

当然、売上が上がることはなく、何か月も赤字状態が続きました。そして、日に日にマイナス思考に支配され、たくさんのスライムを宿すことになってしまいました。

その時に私が飼育していたスライムを紹介します。

- ●他店の文句やあげ足を突っつくスライム
- ●自店スタッフの文句ばかり言うスライム

●「いいネタを使ってる！」と言い続けているスライム
●口コミ来店を待ち続けているスライム
●「昔はよかったのに……」と過去自慢するスライム
●外部環境のせいにするスライム
●「家族のご飯だけ食べていけたらいい！」って思っているスライム
●目標がないスライム
●常に「忙しい！」アピールしているスライム
●「お金がない」が口ぐせになっているスライム
●「頑張る！」しか言わないスライム
●消費税を使い込んでしまっているスライム
●事業計画書を作成していないスライム
●食材ロスを把握していないスライム

このようなスライムを宿している方がいませんか？
私はこれらのスライムを少しずつ排除していくことで、見える景色が変わり、増収・

増益、儲かる経営ができるようになりました。

スライムと共に生活していて何ひとつよいことなんてありません。これらの**スライムは、自分自身の無限の可能性を根こそぎ食い散らかす悪の元凶**です。

現状を改善して次へ進むためには、どのようなスライムを飼っているのかを自覚し、排除していく行動をとっていきましょう。

ほとんどの飲食店経営者は、日々経営のことを考えているかもしれませんが、**考え抜いていない**ようです。知り合いや友達が来てくれるから、お店の売上もなんとかなる。その「なんとかなる」のノリとテンションだけでやってしまう。

本を読むだけ、セミナーに参加して頭でっかちになるだけで、結局行動しない。何者でもないのにいろんなコミュニティに入り安心してしまう。これぞまさにスライム状態です。

飲食業はサイエンスです。そのサイエンスに人の想いが乗り、さらにタイミングを味方につけることで成功をもたらします。成功のためには、まず自分たちのできることをすべてすること。

行動する前に諦める理由を見つけては社会や世の中のせいにしていませんか？　そんなスライムがあるといつまで経っても進歩しません。

飲食店の倒産、4割は業歴10年未満

新型コロナによる行動制限が撤廃されて、希望をもって「よし！　頑張るぞ」という意気込みで取り組まれた方も多いのではないでしょうか。

インバウンドで外食需要はうなぎ上り、業界の先行きには明るい要素も多く、新規出店にチャレンジした方もいらっしゃるでしょう。

しかし、実際はどうでしょうか。仕入先からの物価高による価格改定で、仕入原価に計算が追いついていないのではないでしょうか。理論原価と実原価との差異に頭を抱えている経営者の方が多いのです。

そもそもスライムといわれている方は、この物価高の問題を直視しようとせず、対策

すら行っていないでしょう。

また、深刻な人手不足によって店舗経営が困難となり、臨時休業や営業時間の短縮をせざるをえず、せっかくの予約や来店をお断りしなくてはなりません。

お店を開けても人手不足が原因でドリンクや料理の提供が著しく遅くなり、それが顧客不満足となり常連様の失客やネット評価では悪口を書かれ、従業員のモチベーションは下がり、飲食業界の将来を悲観してしまったりしていないでしょうか。

帝国データバンクの報告によると、２０２３年に発生した飲食店の倒産数は８９４件で、前年と比べると16・４％増。最も多い業態が居酒屋で２１２件、焼肉、ラーメン店などが１５８件（対前年45％増）と過去最多を更新しました。

飲食業界の新規参入は障壁が低いというのもあり、安易な気持ちで開業する方も多く、実際２０２３年の倒産件数の４割が業歴10年未満です。

物価高・人手不足という想定外の事態に直面し、当初の事業計画と大きく乖離し、資金が追いつかず破綻したケースがとても多く発生しています。

しかし、そんな状況であっても、現在私たちが経営する店舗は毎月過去最高売上を更新しています。

その差はいったい何なのでしょうか？

立地がよいからでしょうか？　しかしこれらの店舗は、最寄駅から徒歩10〜30分かかるロケーションであっても、コロナ禍前の売上を大きく上回っています。

私たちは、これからの飲食業界はけっして悲観するようなものではなく、むしろ大きなチャンスだととらえています。未来に悲観思考を抱くのか、希望思考を抱くのか、1年後にどちらの思考がうまく経営できていると思いますか？

マスコミなどの外部環境の情報に惑わされずに、夢と希望をもって、我が子同然の大切なお店を全力で育てていきましょう。経営オンチのスライムも、努力すれば最強のキングスライムになることができるのです。

「いいお店」「わるいお店」の差はほんのわずか

飲食業界は世間一般の目から見ると、残念ながら「わるい（ブラックな）会社」と見られるでしょう。長年、労働時間が長い、給与が少ない、休みが少ない、有給が取れない、という印象が強く、年々この業界に対してのイメージはわるくなるばかりです。メディアの影響もあります。人手不足が原因でモバイルオーダー・配膳ロボットの普及のニュースが当たり前のように報道され、それに影響されて飲食業界大手も導入しているのが現状です。

つまり「よいお店」「わるいお店」の差とは、主観的要因と客観的要因の中から勝手に生まれてくるのです。

たとえば、主観的に見たよいお店とは、「楽しそうに働いている従業員が多い」「料理がすべて美味しい」「たくさん学ぶことができて頑張れそう」などが挙げられます。

一方、客観的に見てよいお店とは、「会社の年商がいくらで、経常利益がこれだけある。従業員の平均所得がいくらで、周りに比べてこれだけ高い。ということは、周りの会社と比べてよいお店だと考えられる」というふうに、データに基づいた判断によります。

一般的に「よいお店」とは、主観的判断で選ばれることが多いといわれています。従業員の笑顔がなく、ホスピタリティがないお店で働きたいと思う人はいないでしょう。

しかし、それに加えてまずは客観的に見て、魅力ある組織を構築し、飲食店平均年収321万円以上を支給できる経営をしていけば、自他共に認められる組織へと成長することができると私は信じています。

業績を伸ばすことができなければ、従業員は愛想をつかせて辞めていきます。もしくは、同業他社からヘッドハンティングされることも十分予想されます。本当にシビアな世界なのです。

「わるい会社」は経営者が努力を続けていない

私たち飲食業界の経営者は、立ち止まることなんて許されません。「わるいお店」の経営者は、努力して走ることを止め、低いレベルの現状に満足してしまいます。

「よいお店」を目指すのなら、今までついてきてくれた従業員の生活環境をよりよくしていく必要があります。突然の従業員の退職などに「今までよくしてあげたのに」「裏切られた」というような被害者意識を持ち続けていれば、生涯「よいお店」にすることはできないでしょう。

経営者はいうまでもなく、すべての社員の上司にあたるわけですが、上司としての役割は、「指示」「教育」「責任」です。

この中で最も重要な役割は責任をとることです。社員に仕事を任せ、そして責任をとる。責任をとるために経営者がいるといっても過言ではないでしょう。

　仕事を任せるのは、社員を育てるためです。そして仕事を任せた結果、トラブルが発生したら、そこで初めて経営者の出番です。

　経営者であるということは、**社員が起こしたことはすべて自分の責任と考える。**これこそが、社員から信頼され敬愛される、あるべき経営者の姿、すなわち「よいお店」の経営者の基本的な資質です。

凡事徹底
「絶対やる！」という強い意思と迅速な行動

さまざまなスライムから脱却するためには、覚悟を決めなければなりません。

それは「絶対にやる！」という強い意思です。一気にあれもこれもとハードルを上げてしまうと、継続できないことは目に見えているので、まずは小さなことでもよいので、今日から毎日絶対にやり続けることを決めて実践していきましょう。小さな成功体験の積み重ねが自信につながり、成長させてくれます。

『凡事徹底』が何より大切です。これは「なんでもないような当たり前のことを徹底的に行うこと。または、当たり前のことを極めて、他人の追随を許さないこと」を意味します。

イチロー選手は凡事徹底の達人です。こんな逸話があります。

ある日、イチロー選手に「今までに、これだけはやったなと言える練習ってある？」と質問すると、イチロー選手はこう答えたそうです。

「僕は高校生活の３年間、１日にたった10分ですが、寝る前に必ず素振りをしました。その10分の素振りを１年３６５日、３年間続けました。これが誰よりもやった練習です」

また、こんな名言も残しています。

「小さいことを積み重ねるのが、とんでもないところへ行くただひとつの道だと思っています」

まさに凡事徹底ですね。私たちはもちろんイチロー選手ではありませんから、彼の真似なんてできません。しかし、３６５日欠かさずできることはあります。

たとえば私たちは無意識で凡事徹底できていることがあります。それは歯磨きです。朝起きて、歯磨きせずに出勤することが毎日できるでしょうか？　幼少期には親から歯磨きされ、いつの間にか毎日の歯磨きは習慣になっています。寝坊して慌てての出勤でも歯磨きは欠かせません。なぜなら気持ち悪いからです。

イチロー選手も毎日素振りをしないと気持ち悪かったのでしょうね。そういう新しい習慣をつくっていかなければなりません。最初は本当に何でもよいのです。たとえば、出勤時に毎日、笑顔で全員に挨拶をするとか、どんなに忙しくてもお客様のお見送りは絶対にするとかですね。それがいかに難しいことか——実際にやってみるとすぐに実感できるでしょう。

再度言わせてください。真剣に覚悟を決めてください。そして、凡事徹底できることからすぐ始めてください。それができないなら、本書は読まずにスライムのままでいなさい。

スライムな経営者が陥りやすいワナ

スライムな飲食店経営者が陥りやすいワナがあります。以下に列挙します。
あなたは違いますよね。

ワナその1 かっこよさだけで飲食店を始める

「飲食店をもっているとカッコいいから」とか「他の事業がうまくいっているから、飲食店もやりたい」という理由で始めると、失敗する確率が極めて高いと言えます。

また、商業施設に出店する場合、その施設の集客力に頼ることが多いのですが、平日の集客が難しい場所では苦戦します。さらに、大家（貸し主）との契約で、家賃が歩合制であることも多く、なかなか儲からないケースもあります。

本業のブランディングや信用を高めるために飲食店を出店することもありますが、「カッコいいから」という理由だけで出店するのは非常に危険です。

ワナその2 料理が美味しければお客さんが来る

「美味しい料理さえ提供すれば、集客できる」と考えるのは大きな間違いです。一部の例外として、人里離れた山の中でも集客できる店がありますが、それはごく稀なケースで、シェフ自身が「超一流」のすごいブランドであったりした場合です。

大多数の飲食店では、料理だけで集客するのは非常に難しいのです。「他店よりもちょっと美味しい」程度では、集客の決め手にはなりません。

ワナその3 行列や満席が繁盛の証拠だ

「行列ができているから」「毎日満席だから儲かっているはずだ」と考えるのも大きな

間違いです。満席や行列があっても、原価や人件費が高ければ利益が残らないことがあります。

たとえば、原価が60%、人件費が30%であれば、FL比率（原価＋人件費）だけで90%を超えてしまい、そこに家賃や宣伝広告費、水道光熱費が加われば、利益はほとんど残りません。

私たちの店の場合、客単価5000円の業態で20席の店を満席にしても、売上の天井は決まっています（1回転なら10万円が最大売上）。表面的な人気だけで判断してはいけません。

ワナその4 働いていたお店が繁盛店だったから、独立しても絶対成功できる

そもそも出店資金を捻出することが本当にできるのか？　運営と経営は全く別です。経営を大きく分けると、財務・マーケティング・デザイン力の3本柱を確立しなければなりません。

あなたが働いていたお店が繁盛店だったのは、あなたの力ではなく、お店のブランド力と会社の後方支援のお陰なのです。後方支援とは、資金調達や会社が進むべき方向性を明確にできる環境があるからなのです。

表面的な現象だけを見て判断してしまうのは大変危険です。

ワナその5 立地は二の次でいい

過去にうどん店、ラーメン店、中華料理店、ガールズバー、ラウンジなど幅広く店舗展開し、30店舗以上を潰した経験のある私が断言します。

それは立地にあった業態を選ぶことです。私が現在手がけている焼肉店であれば、焼肉店が繁盛するであろう立地を選びます。

ところがほとんどの人は、希望的観測で出店してしまいます。

「安い物件が空いた。じゃあ、ここでやろう」

「固定費安いし、なんとかいけるやろう」

だが、いざオープンすると、閑古鳥が鳴いている。そんな経験を何度もしています。

安い物件にはそれなりの理由があります。

なぜこの前のお店が閉店したのか――その理由を知るだけで、どんな土俵で勝負することができるのかを知ることができます。

もし、今あなたのお店の経営状態が苦しいのであれば、勇気を出して業態変更するか、徹底的な意識改革を行い、一から出直すかです。あなたはどちらを選択しますか？ここで決断と覚悟を決めましょう。

ワナその6 売上見込みの根拠が甘すぎる

よくあるのが、たとえば客席30席と仮定して、毎日30人の来店があると想定してしまうことです。客単価を5000円とした場合、1日の売上は15万円になります。月商にすると450万円と計算することができます（30日営業の場合）。

物事を単純に計算するスライムが多いことに本当に驚きます。さて、実際はどうなのでしょうか？

4名テーブルに2名座ることもある。カウンター2名の席に1名、8名席しか空いていないのに渋々2名客を入れることもある。現実はそうしたものです。

テーブル稼働率が100％として売上目標を設定するとドツボにハマってしまいます。実際のテーブル稼働率は平均して6～7割だと頭に入れておきましょう。

さらに、スタッフを入れ過ぎて人件費がかさんだり、商品の原価計算が甘く薄利多売になってしまい、フタを開けてみると、まったくお金が残らないという経験はないでしょうか？　これについては第6章で詳しく解説していきます。

ワナその7 友人知人からの売上を期待する

「俺、めっちゃ友達が多いし、親も地元やから、たくさんの人が毎日来てくれるから、完全に勝算がある！」って、自慢げに言っているスライムを何体も見てきていますが、そのスライムが生き残ったのを見たことがありません。

これは、よく言われる「お願いマーケティング」です。オープンして1か月はそのことで多くのお客様が来てくれるでしょう。じゃあ、その友達は毎日、いつまでも来てくれるのでしょうか？　これには限界があり、徐々に少なくなっていくのが普通なのです。

期待していた友達や知り合いの来店頻度が落ちてしまったら、あなたは「裏切られた」とでも言うのでしょうか？

飲食店経営を成り立たせていくのは、友達以外のその他のお客様です。

新規客を獲得し、リピーターづくりをしていかなければ、確実に淘汰されてしまいます。成功している経営者は、常に新規客獲得と常連客の囲い込みに力を入れています。

あなたや従業員の給料は、お客様からいただいていることをお忘れなく。感謝の気持ちをもって、常に顧客満足度を上げていかなければなりません。

ワナその8 1店舗目がうまくいったから、2店舗目もうまくいくはず

1店舗目の経営状態がいいと、多くの経営者は2店舗目の出店を考えます。多店舗展開を夢見る方も多いでしょう。

ここで「なぜ多店舗展開していかないといけないのか？」という理由を明確にしなければなりません。

その理由が「地位や名誉がほしい」「多店舗展開が夢だった」とかであれば確実に失敗してしまいます。もし2店舗目の出店ができたとしても、経営がうまく回らず疲弊してしまうでしょう。それはなぜなのか——。

2店舗目の出店はより慎重に進めていかなければなりません。

まずは立地選定。これを誤ってしまうと大きな落とし穴にハマってしまいます。家賃が安いとか、居抜き物件が空いたという情報が入ると飛びつきたくなりますが、しかし、その店舗が「どこの場所にあるのか？」が重要です。

私は、**1号店と2号店の店舗間の移動距離は30分以内**と決めています。その理由は、管理体制がとれるからです。

もし片道1時間以上かかってしまうと、両店舗間を移動するのにどれだけの時間がかかってしまうのでしょうか。これは大きな機会損失となってしまいます。

店舗が近いとドミナント経営が可能となり、柔軟に対応ができるのも大きな利点となります。

さらに重要なのが従業員教育です。

アルバイトや社員の育成が追いついていないのに新規に出店してしまうと、確実に顧客満足度が落ちて、失客へとつながっていきます。顧客離れが起きると、SNS上でアンチコメントも増加してくるでしょう。すると、従業員のモチベーションが下がり退職者が続出し、2店舗の経営が困難になります。

人数的にもスキル的にも追いついていないのに多店舗展開していくのは、リスクが大きすぎるのです。

2店舗目は、最適なタイミングで出店すべきです。

出店には勢いも大切ですが、それ以上にヒト・モノ・カネの三拍子がそろっていなければ、店舗運営は大変難しくなります。
具体的には以下のことを十分に考えてください。

❶1店舗の飲食店が黒字で安定的な利益を得ているか

理想は毎月30万円以上の利益を1年以上出せていることが重要で、銀行からの評価も高く融資を受けやすくなります。

❷2店舗目が赤字だとしても、それをカバーできる利益を生み出しているか

2店舗目が認知されるまで半年から1年かかると仮定した場合、赤字の月が発生することも予想されます。軌道に乗るまでの体力(運転資金)がなければ、当然失敗してしまいます。

❸2店舗目の出店資金に余裕があるか

出店にかかる費用の50%ほどを自己資金でカバーできるかどうかが目安となり、それが失敗するリスクの減少につながります。

❹店舗を任せられる人材がいるか

規模にもよりますが、店舗を任せることができるスタッフがいるかどうかが重要です。2店舗目が決まってからスタッフをそろえるのではなく、店長など営業を任せられるスタッフが成長してから出店計画を立てるようにしましょう。

第2章

繁盛店にするためのマインドセット

常に危機感をもつクセをつける

ここで質問ですが、お店（会社）の経営をしていて不安や危機を感じることはありますか？「不安」と「危機」の意味の違いを説明することができるでしょうか。この2つの言葉は似ていますが、まったく意味が違います。

エネルギーが満ち溢れていて行動力がある人たちは常に危機感をもっています。そして、その危機を乗り越えるためにさまざまな仮説を立て、課題や問題を乗り越えるためにどうすればよいのかと常に考え、ロールプレイングしています。

逆に、何もリスクヘッジを行っていない人ほど不安感を募らせています。将来どの方向へ向かっていけばよいのかがわからず、漠然と立ち尽くしています。

つまり、スライムを排除していくためには、常に危機感を持ち続けることが非常に大切なのです。そのマインドによって、目の前の問題・課題を解決して未来への道筋を開拓していくことができるのです。

また適度な危機感をもつことは、自己成長させる起爆剤になるとも言えます。課題が明確になり具体化することで、将来のプラスになるイメージをもつことが可能となってきます。

今、不安感でいっぱいの方は、それを危機感に変換させていかなければなりません。悩みの種が解消されるわけではありませんが、それができれば、今すべき行動の具体策が明確になります。

やるべきことがわかれば、人は動き出すことができ、将来に対しての不安が解消され気持ちが緩和されるようになります。あとは問題解決のためのゴール設定をして、現在、自分が立っている地点がどこなのかを把握し、ゴールを目指して行動していけば、見える景色が大きく変わっていくことに気づくでしょう。

そのゴールとは「目的」です。その目的にたどり着くためには、目標を立てなければなりません。「目的」と「目標」は混同しないようにしましょう。事項で詳しくその違いを解説します。

目標と目的——7つの違い

❶目標は目的のためにある

目標とは、目的を達成するためのステップです。あくまでも「目的」を達成するために目指すべき行動やその道筋を示したものが「目標」となります。目的がないのに目標だけがあることはありえません。目的があってこそ、目標とするものが得られることを覚えておいてください。

❷目標は具体的に、目的は抽象的に

目標は具体的にクリアできる手段や方法がわかるものでなければ、目的までの道筋が立たないということになります。

目的については、あまりにも具体的なものを掲げると、その分クリアすべき課題も増え、目的を叶えるための「目標」がいくつも必要となり、達成するのが難しくなります。

❸目標は見えるもの、目的は見たいもの

前述のように、目標は目的に向かうための道標なので、その目標に向かってどう行動したらよいのかという手段を知らなければなりません。そして、目標に到達することで、それまで目的としていたものにより近づけたと感じられれば、その道筋は間違っていないということです。

また、目標をクリアした時点で、「目的」の見え方が変わるのはよくあります。目的の見え方や捉え方を確かにするために必要なものが目標であると認識してください。

❹目標は過程、目的は行き先

「目標」とは「目的」に至るための道筋であり、過程となります。ひとつの「目標」を達成した先で「目的」により近づくための方向を見極め、次の目標を定めて進んでいくことでのみ「目的」を叶えることが可能になります。

目的に向かうためにクリアする課題が目標ということになります。クリアする課題の数は、自身の能力や目的によって違ってきます。

❺目標は複数、目的はひとつ

「目的」に向かい「目標」を定めて進んでいく中では、クリアする目標はひとつとは限りません。また、ひとつの目標をクリアした時点で、目的に向かう道筋がいくつも枝分かれすることもあります。

その人の能力や目的の大きさによって、目的へのアプローチの違いもあるでしょう。大きな目標をクリアして一足飛びに目的に向かう方法もありますし、細かい目標をいくつも設定し、地道にクリアすることで着実に目的に向かう方法もあります。

重要なのは、複数の目的を目指して目標を掲げるのは困難だということです。ひとつの目的に対して、必要な目標を掲げ、クリアしていくことが大事です。

❻目標は諦めても、目的は諦めない

ひとつの目標を達成しても目的に近づかない場合もあります。今向かっている目標よりも別の目標を立てたほうが、早く目的を叶えることもあるでしょう。大きな目的を叶えるためには、進む方向を見極めて、目標を常に更新することが必要となります。

大きな目標に向かい挫折したとしても、目的を見失わないことが大切です。目的を見失うことがなければ、別のアプローチを試みることが可能です。

❼目的は目標の先にある

「目標」は「目的」に至るための過程なので、目標をクリアしなければ目的に近づくことはできません。まずは目的に向かって、クリアすべき目標を立てることです。

目標は大きくなくてもよいでしょう。自分がクリアできる範囲で目標を立て、目的を見失わずにいくつも目標をクリアしていきましょう。

目標をクリアする過程で、目的の見え方、捉え方が変わってくることも考えられますので、常に目的を見据えることを忘れずに行動することです。

繁盛店へ脱皮していくための12のステップ

私が30歳の頃、経営に生き詰まっていた時に1冊の本と出会いました。富田英太著『お金をかけずに繁盛店に変える本』（日本実業出版社）です。黒字化経営していくための正しい手順が事細かに書かれていました。私はその時から現在に至るまで、この本に書かれている12のステップを追求し、凡事徹底しています。

著者の富田氏からの掲載許可をいただいたので、この12ステップを解説します。ただ、「言葉の意味がわかれへん」「日本語自体が理解でけへん」って方もいるかと思います。実際私がそうでした。聞いたこと、見たことない活字ばかりで、何度も本を閉じてしまいました。

でも、この言葉の意味を理解しない限り、次のステージに上がることはできないと感じていたので、重たい腰を上げて気分が乗っている時に少しずつこの12ステップについて理解を深めていくようにしていきました。そんなに急ぐ必要はありません。少しずつでよいので理解していこうというマインドを持ち続けてください。

赤字店舗のほとんどは、経営を学ぶことがなくノリと勢いで開業した方たちです。最初につけてしまったボタンのかけ違いは、いつまで経っても改善されることがなく、悪循環にはまり、最悪はお店を潰してしまうことになります。今の店舗を改善するためには、この12のステップを理解して、もう一度店舗運営を見直す必要があります。何が正しくて、何が間違いであったのかをご自身でチェックしてみてください。

優先順位⑫　顧客単価の向上
優先順位⑪　新規顧客の集客
優先順位⑩　既存顧客をリピートさせるための施策
優先順位⑨　接客・サービス品質の向上
優先順位⑧　スタッフ・組織のモチベーション管理と運営方法
優先順位⑦　スタッフの採用業務

優先順位⑥　財務管理（事業計画に基づき、日々の数字の管理と調整）
優先順位⑤　事業計画の立案（5年中期、1年短期のお店の目標数値の決定）
優先順位④　ブランディング施策（顧客に選ばれる理由を明確にする）
優先順位③　経営理念の確立（あなたはなぜそのお店を経営しているか？）
優先順位②　自店の徹底分析
優先順位①　経営者の意識変革

優先順位をあえて逆にしたのは、この優先順位が低いほうから手をつけていくことが非常に多いからです。私も当初は優先順位⑫から着手していたスライムでした。この手順を間違っていたから店舗経営がうまくいかなかったんですね。

ろくに利益が出ていないのにどんぶり勘定を是正しないし、自店分析すらできていないのに、夢や目標だけは大きく設定していました。今となっては笑い話ですが、自分が設定した売上目標に到達するまで10年以上の歳月がかかってしまいました。

戦略・優先順位の重要性を理解し、現在の自店の経営手順を見直すことが最優先課題であり、それこそが黒字化するための第一歩と言えるのです。

経営者の意識改革
――まずあなたのマインドから変えなさい！

あなたはこれまで売上を上げていくためにさまざまな努力をしてきたことでしょう。それでもなかなか成果が出ない、あれこれやりすぎて長続きしないことを、たくさんの言い訳に支配されて自分を正当化したりしていませんか？

特に関西人は本当にせっかちで、すぐに結果を求めがちなんです。新たな販促を行ってからまだ1か月も経ってないのに、「全然あかんかったなぁ」っていう経営者がどれだけ多いのか……びっくりです。

私もその中の一人でありました。業種によって商品・サービスが違うのですが、それを確立している前提に話を進めていきます。

繁盛店にしていくために大切なことは、「あなたのお店の商品・サービスの価値をいかに伝えていくのか」を考えることです。

この意識をあなた自身がもつ必要があります。そうすることで、あなたのお店で働いている従業員さんも同じように『価値』について自然と考えてくれるようになります。

いかにして顧客に商品・サービスの魅力を伝えていくのかが重要です。

そのためには**経営者の意識と考え方が変化することが最も重要**です。**あなたの意識がスタッフの意識になって、お店の雰囲気となる**のです。

あなたが自身の意識を変えなければ、お店の経営がうまくいくことはないでしょう。**すべての原因は経営者であるあなた自身**ということです。

タイム・イズ・マネー

全世界の人間に平等に与えられているものは1日24時間という時間です。そう、**人生は時間でできている**のです。時間は、人生の中で最も大切な要素です。

大阪から東京へ旅行したとします。東京へ行く手段はいくつもあります。徒歩、自転車、車、飛行機、電車、新幹線。あなたはどの手段を選びますか。

お金をかければ東京へ行くまでの時間は大幅に短縮できます。節約して、お金をあまりかけたくなければ、当然時間を犠牲にしなければなりません。お金と時間には密接な関係があるのです。

少しでも売上を上げるために、営業時間を長くして、年中無休で営業していれば、お店は繁盛していくと思っているかもしれません。しかし、労働という時間に追われ、考える時間をもてなくて、店舗経営や店舗改善に着手することができるのでしょうか。

経営者として大切なのは、時間の使い方を常に意識し、いくつもの突破口を開いていくことです。それが繁盛店への道筋となるのです。

私は半年に1回は2日間ホテルに引きこもり、戦略を練ることにしています。今流行っている飲食店や今後流行るであろう飲食店、今まで流行っていたのに、最近勢いが落ちてきている飲食店とさまざまですが、それには必ず理由があります。その理由を自分なりに分析して自店に落とし込んでいます。

考える時間があればあるほど、選択肢の幅が広がります。時間を有効に使っての情報収集こそが最大の武器になることがよくあります。一度立ち止まってあなたの周りの景色をじっくり見る時間をつくってみてはどうでしょうか。

毎日のルーティンをつくる

あなたは朝起きて出勤するまでの間、何をしていますか？　テレビを見たり、携帯で何かをしたり、ギリギリまで寝ていたり、人それぞれだとは思いますが、結構リラックスしている方が大半だと思います。

そこにも自分を甘えさせてくれるスライムがいるから仕方ないことだと思います。この毎日の行動もひとつのルーティンと言えるかもしれませんが、新たに少し負荷をかけるルーティンを導入してみませんか。

私は出勤前に近くの公園で1周約3キロのロードコースを3周走っています。1周目は、昨日の振り返りと反省、2周目は、今日必ずやるべきことの思考整理、3周目は、3年後の自分の理想の姿になるために明日からどうすればよいのか、と1周1周テーマを変えて走っています。

雨の日は、トレーニングジムで筋トレ3セットを行い、ジョギングと同じテーマでトレーニングをしています。

正直、毎日布団の中で、トレーニングへ行かない理由を探しています。少し風邪気味かも？　走りに行ったら仕込みが間に合わないかも？　睡眠時間が少ないから、お店の営業のことを考えたら、無理して行かないほうがいいかも？　などなど誘惑だらけのスライムが登場します。

今でも毎日イヤイヤ行くことも多いです。

そんな思いするんやったら、いっそのこと止めてしまったら？　と思われる方もいるかもしれません。でもどうして止めれないのか――。それは、走り終わった後の開放感を忘れることができないからなんです。

いつも「今日も無理してでも走りに行ってよかった」って思ってしまいます。なぜなら、今日のやるべきことが明確になることで、いても立ってもいられなくなり、少しテンション高めで出勤できるので、すごくやりがいに満ちた1日を過ごすことができるからなんです。

本書の共著者の児島氏も、毎日トレーニングジムに行ってストイックなトレーニングをしています。

彼と出会った頃（当時児島氏21歳）は、痩せマッチョ的な感じでしたが、今ではプロレスラー並みの筋肉です。マジでムッキムキです。児島氏も同様、どんなに二日酔いが酷くても、サボらず毎日ジムに通っています。さすがに二日酔いでお店を臨時休業できないですもんね。

トレーニング後の出勤は正直しんどい時はありますが、帰宅後、布団に入る時は途中で目覚めることなくぐっすりと眠るこができるのです。毎日が本当に充実しています。1日の始まりを実感できるルーティンをもつことをおすすめします。

経営理念はあったほうがいい？なくてもいい？

私が30代前半の頃、よく先輩経営者に「経営理念は必ずあったほうがいいよ。今後の会社の未来を大きく左右する」と言われていました。

当時の私は、「経営理念をもつことで売上が上がるのか。そもそもなんで業績が上がるのかがわからない」とかなり批判的でした。エビデンスなんてないし、ただの格好づけとさえ思っていました。だから仕方なく経営理念をつくったのを覚えています。

しかし、コロナ禍など大きく外部環境が変化するたびに、これから生き残っていくためにどんな経営をしていけばよいのか、どの方向に進んでいけばよいのか、従業員にどのように説明していけばよいのか、など悩みが多くなければなるほど視野が狭くなっていったのを覚えています。そして、いつの間にか経営理念をもつことの大切さを身に染

❶**経営ビジョン**：会社が向かうべき方向性や近未来の具体的な青写真を示すもの
❷**組織のミッション**：どのようなことで社会に貢献できるのか、企業の使命や存在意義を表す
❸**事業ドメイン**：企業が存続・発展するために必要な事業領域を決めること

みて感じるようになりました。

特に従業員の心のベクトルをそろえるためには、経営理念の策定が大事です。その際、多くの従業員が共鳴できるよう内容を吟味し、わかりやすく表現すると同時に、人事評価制度などの仕組みにリンクさせることが重要になります。個人目標、役割、成果責任などを確認、徹底させることができるからです。

経営理念とは、つまりこういうことです。


「わが社は何者で、どこへ行こうとしているのか」


経営トップが最も大事にしている最上位概念であり、会社の目的、組織の価値観、企業哲学と言ってもいいでしょう。

経営理念が確立されていない会社は、永続することはできません。経営理念こそ「世の中での存在理由」を問われる事業経営の根幹を成すものだからです。

経営理念は多義的に用いられていますが、主に上記3つの意味に分類できます。

お店の経営理念をつくる時の留意点

「さあ、経営理念をつくるぞ」と大上段にかまえてしまうと、なかなか適切な言葉ができません。そこで、次に解説するポイントを考慮してつくるとよいでしょう。

第一に、**経営理念はビジョンや指針を誰にでもわかる言葉で表現し、全員に考え方を共有してもらう**ことが重要です。

方向や到達点を示すことにより、従業員の不安を払拭し、前向きな姿勢を引き出すことができます。

第二に、**経営理念は大義名分を含む**ことも必要です。

「人はパンのみにて生きるにあらず」といわれるように、人間は意味を求めて生きる動物です。共鳴できるメッセージは、働きがいや生きがいを提供します。

第三に、**経営理念は従業員のやる気を起こさせるもの**でなければなりません。

企業が生んだ利益は構成員に還元され、貢献に応じた処遇を約束することです。

経営理念というのは奥深く、説明するのに言葉が難しくなってしまいがちですが、めっちゃ簡単にまとめると、次のようなことです。

- **あなたが（この店を）経営している理由は何か？**
- **そのお店がなぜ、そこにある必要があるのか？**
- **そのお店は、だれに、何を、どのように提供するためにあるのか？**
- **そのお店の存在意義は何か？**

経営理念と業績は密接につながっている

店舗にとっての経営理念は「お店の憲法」とも言えます。この憲法をもとに、すべての従業員が動きます。オペレーション、接客マニュアルや商品やサービスも、この憲法に合致していなければ、すべて却下されます。逆にこの憲法に沿うものは、採用となるのです。つまり、**あなたの会社の羅針盤**なのです。

経営理念が浸透すれば、たとえば経営者であるあなたが何か間違った判断や行動をとってしまったとしましょう。その時、従業員は自身の価値観ではなく、理念をもとに経営者にはっきりと伝えることができます。

「社長、それ経営理念と違うんやないですか！」

通常は、従業員が経営者に物を申すことはなかなか大変ですが、たとえ経営者であろうと経営理念からはずれた行動をとれば、パート・アルバイトであろうと経営者に物を言います。

上下関係はあっても対等のコミュニケーションがとれるのです。**経営理念は、コミュニケーションの柱となる**ものです。

企業経営において理念がないとすれば、

- 社員が何のためにこの店で働いているのかがわかりません（**存在意義の喪失**）。
- この会社がどうなっていくのかがわかりません（**将来性、夢の喪失**）。
- 何を判断の基準としていいのかがわかりません（**判断基準の喪失**）。

そして、経営理念がなければ社内でベクトルがあわず、コミュニケーションが滞り、社内に不調和や不正がおき、それが顧客に伝わり、やがて業績が低迷します。

経営理念と業績は密接につながっていると言っても過言ではないのです。

理念とは何か、経営とは何か

ちょっと理屈っぽくなりますが、とても大事なことなのでお付き合いください。

よく言われる経営理念のことについて、ごくごくシンプルに考えてみましょう。

■「理念」とは

「お客様の役に立とう」

「お客様が喜ぶような経営をしよう」

「人材を育成し、社会に貢献する会社をつくろう」

つまり、**会社としての志**のことです。

■「経営」とは

人を幸せにする具体的な方法のことです。自社の商品やサービスや技術を高めて、**付加価値の高い事業を目指し、適正利益を確保し、強くてよい組織づくりをして、永続させること**です。

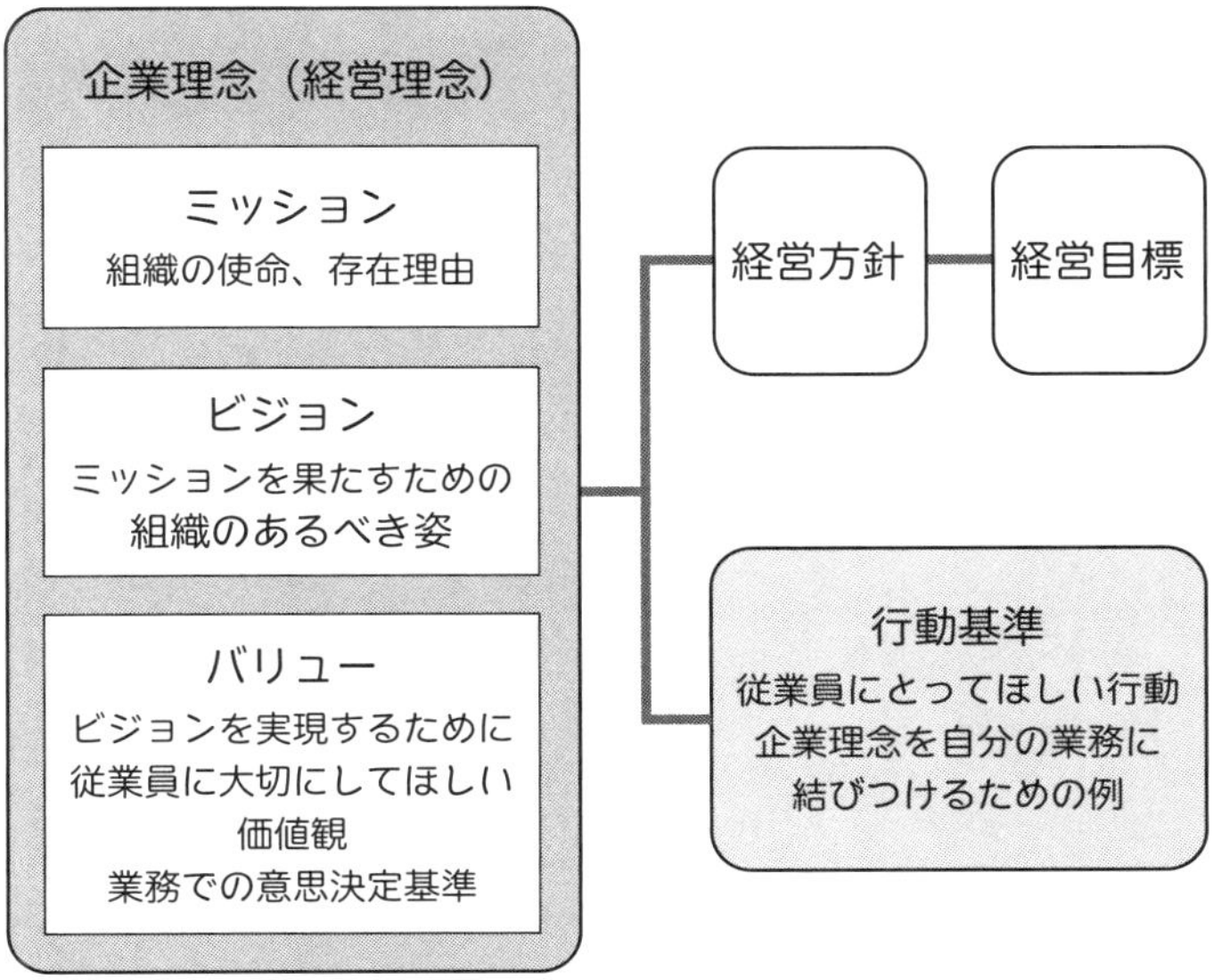

企業理念（経営理念）

ミッション
組織の使命、存在理由

ビジョン
ミッションを果たすための
組織のあるべき姿

バリュー
ビジョンを実現するために
従業員に大切にしてほしい
価値観
業務での意思決定基準

経営方針 ― 経営目標

行動基準
従業員にとってほしい行動
企業理念を自分の業務に
結びつけるための例

経営理念をつくるための7つの質問

経営理念は高尚で品格のある言葉が必要……なんてことはまったくありません。あなたの想いをそのまま言葉にしていけばいいんです。

❶あなたの創業時の想いを言葉にして表現してみてください。
❷あなたはどんな経営者になりたいのか——その理由と目的を考えてください。
❸お客様へどんな価値を提供していきたいと思いますか?
❹従業員に対して、どのような教育をして、価値を共有したいと思いますか?
❺従業員にとって、どのような経営者でありたいですか?
❻地域社会に対して何か貢献していきたいことはありますか?

【経営理念によく使われているキーワード】

1. 愛　2. 援助　3. 思いやり　4. 感謝　5. 希望
6. 謙虚　7. 献身　8. 完全　9. 健全　10. 向上心
11. 公平　12. 正直　13. 純粋　14. 実践
15. 親切　16. 健康　17. 物心両面　18. 信頼
19. 成長　20. 誠実　21. 責任感　22. 尊敬
23. 道徳　24. 努力　25. 忍耐　26. 平和
27. 誇り　28. 約束　29. 自己実現　30. 喜び
31. 勇気　32. 信用

❼これらのことを実現していくために、どのような行動をとっていきますか？

経営理念をつくるための7つの質問をあげました。誰かに質問されない限り、ここまで掘り下げて考えることなんてそうそうないと思います。

この質問の答えを探していくと、あなたの潜在意識に眠っている想いに至るはずです。それを顕在化できるように毎日自問自答していけば、自ずと素晴らしい経営理念ができることでしょう。

これを機会に楽しみながら経営理念をつくってみてください。

強い想い
↓
言葉で表現
↓
行動

このプロセスがないと、しっかりとした行動にならないのです。

目標設定は経営の一丁目一番地

■目標の重要性

目標を設定することの重要性について、カレーハウス「ＣｏＣｏ壱番屋」の創業者・宗次德二特別顧問は「経営者は夢をもつな、目標をもて！」と言っています。そのくらい目標を設定することは会社の経営に重要なことなのです。

目標を立てると、その目標をどのように達成するかという具体的な道筋や行動を考えることになります。

よく、予算を計上しても、予算達成のための道筋を考えなかったことから、成り行きで1年が過ぎてしまい、ほとんどの予算（数値）の達成ができなかった、達成したのは経費を使った額だけという笑えない話をよく聞きますが、それではいけません。

目標を達成するために何をしなければならないか、という道筋を行動計画に落とし込むと、「これはこうしないとできない」という自社の問題点が出てくるはずです。たとえば、食材費の比率を3％改善するという目標を立てたとします。その目標を達成するために何をしなければならないでしょうか？

●食材の仕入額を下げる交渉を行う

●食材のロスをなくす

以上の2つの視点から、「誰が・いつまでに・何を・どのようにするか」という行動計画に落とし込みます。

この時に、仕入業者に単価を下げる交渉を行ったら「今の仕入量を30％増やしてくれたら、○○％値下げします」と言われた。それを実現するためには、仕入先を絞り込んだり、絞り込むために食材の変更にも対応しなければならない」ということが明らかになれば、この課題を解決する対策を打ち、実現していく行動を繰り返すことになります。

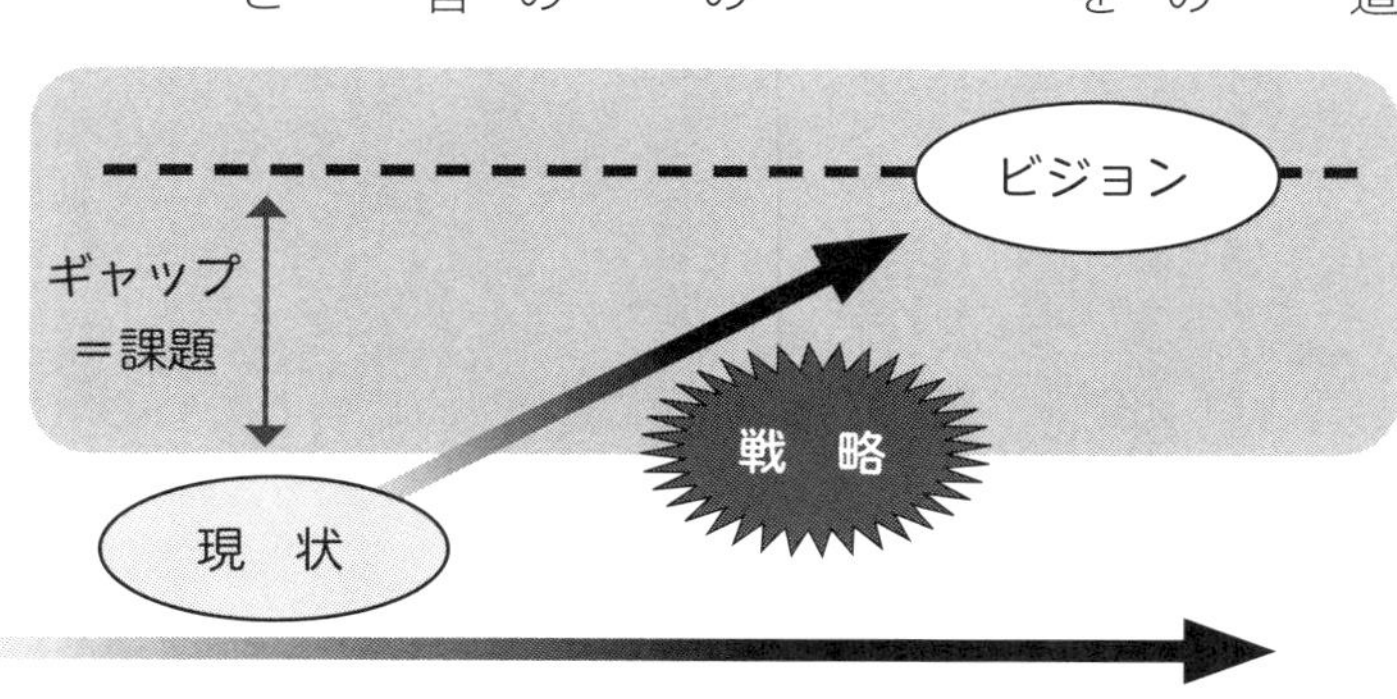

業績を向上させるためのＰＤＣＡサイクル

これです！　これが一番大事です。

（すみません。ここからちょい力入りますので、ところどころ関西弁になります。お付き合いください）

脅すつもりはありませんが、これが一番難しいです。これこそ凡事徹底しなければなりません。

経営者は引退するまで、これと一生付き合っていかなければなりません。もし、このサイクルを1年間続けていくことができれば、業績は確実に上がっていくでしょう。

このＰＤＣＡサイクルを回していくのは、本当に過酷なことです。慣れるまで何度も何度も心が折れそうになります。

ビジネス関連の研修に参加すれば必ずと言っていいほど、このＰＤＣＡサイクル研修が必修項目になっています。それはなぜなのか？

必ず業績が向上するからです。

しかし、研修が終わると、このＰＤＣＡサイクルを止めてしまうスライム経営者がたくさんいてるのが現実です。必ず業績が上がるってわかっているのに、なんで継続できないのかが不思議でなりません。

面倒なことだとは思いますが、自分の大切な会社（お店）なんですよ。最初は大きな目標を立てる必要なんてありません。小さな目標から始めていきましょう。

ＰＤＣＡサイクルは４つのプロセスから構成されています。

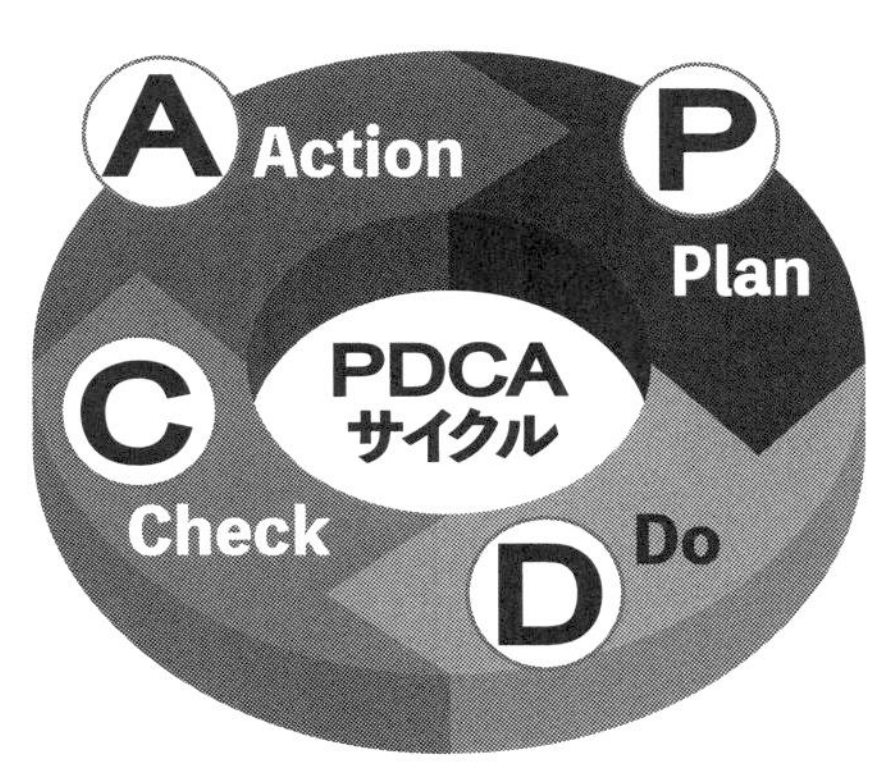

❶Plan　計画を立てる

これから実行する計画を立案します。

定量目標を設定して、業務計画を作成していきます。

計画のポイントは、５Ｗ２Ｈ（誰が・何を・なぜ・どれほど・いつまでに・どのように・いくらで）を明確にしていくことです。

ここでは『定量目標』という意味を理解しておきましょう。目標には、定量目標と定性目標があります。**定量目標とは、数値や数量で表す目標のこと**です。

具体的には、

- 毎日10件お客様へドリンクのお代わりのお伺いをする
- 今月の売上目標５００万円

このように具体的に数値で表現できるので、誰が見ても、目標が達成できたのか、できなかったのかが明確にわかります。

定性目標とは、数値化できない目指すべき状態を表した目標のことです。

- お客様に最高の接客をする
- 毎日掃除を徹底する

といったように、「どうありたいか」という状態のことを示すものになるので、数値では表現できません。掲げた目標が達成できたのか、できなかったのかは、個人の価値観によって判断されるのが特徴です。

ＰＤＣＡサイクルを回していくには、まず定量目標にする必要があります。後の管理がしやすいからです。よくある失敗は、非現実的な目標数値を設定してしまったり、計画がメンバーと共有されていないことで、独りよがりになってしまうことです。したがって、計画はチームで立てていきます。

❷Do　実行する

Do（実行）では、Planで立てた計画を実行します。ここで注意したいのは、**やりっ放しにしない**ことです。

実行した内容を客観的に評価できるように、きちんとデータを記録していきましょう。そして必ず計画と現実のギャップを把握します。そうすることで、次のCheckのステージでスムーズに振り返ることができるようになります。

❸Check　評価する

Check（評価）では、計画どおりに進んだのか、目標数値は達成できたのか、計画は妥当だったか、どんな成果があったのか、などを評価していきます。

できる限り数値を用いた具体的な評価を行いましょう。単に「できた」「できなかった」と判断するだけでは何の意味もありません。**「なぜ、そのような結果になったのか」を要因分析して、原因や理由を把握する**ことが重要です。

よくある失敗として、「目標や計画が曖昧やったから評価がしにくかった」「原因追求をするつもりが、誰かを責任追及していた」などがあります。

Plan（計画）がしっかりできていないとDo（実行）が明確にならず、Check（評価）ができません。Check（評価）を次のＰＤＣＡサイクルのAction（改善）に反映させないと、正しく回していくことができません。

❹Action　改善する

Action（改善）では、前項のCheck（評価）で得た気づきや課題に対して、具体的な修正・改善を施し、新たな次のサイクルで活かすために仮説を立てていきます。

改善策が複数ある時は、優先順位をつけて絞り込み、よかった点とわるかった点を追求していきましょう。よかった点は「さらにどうやって伸ばしていけばよいのか？」という手段を探求し、わるかった点は「どうしてそうなってしまったのか？」という原因を追求していきます。

よくある失敗としては、反省を次に活かすことができなかったという、その場限りの計画を立ててしまうことがあります。ここで立てた仮説や検証をもとに、再びPlan（計画）に戻り、ＰＤＣＡサイクルの質を上げていきます。

ＰＤＣＡサイクルにはゴールなんてありません。やればやる分だけ成果が伴ってくるわけですから、止まることができないのです。

ＰＤＣＡを継続させていくためには、振り返りを兼ねた定期的な会議をしていかないとダメなので、どうしても時間がかかってしまいます。その分、従業員とのかかわりが増えるので、結束力や絆が生まれ、組織としてはより強固になっていきます。

ぜひ、自分に合ったＰＤＣＡの専門書を探して、知識を深め、あなたの最強の武器にしてみてください。

飲食店経営のキモ

——人材育成とチームづくり

店舗会議は必ず定期的に実施する

人材確保・人材育成は長年の大きな課題であり、これは永遠のテーマです。このところずっと人手不足と言われていますが、この問題は地域によって環境が違ってくるというのが実状でしょうか。本書では、自店での取り組みの中でうまく機能している成功例を紹介していきます。

まず、チームづくりに欠かせない店舗会議について解説します。

「会議」という言葉に何か抵抗感をおぼえるかもしれません。一人親方やったら必要ないと思われている方もいるかもしれませんが、それは大きな間違いです。最低月に1回はスタッフが集まって報告会や意見交換会を実施するべきなのです。

あなたがどういう想いでお店を経営して、「今後どういうことをやっていきたいのか」

を共有することでチームが構築されていきます。

会議という名の飲み会でもかまいません。せめて、先月の結果や今月の売上目標を共有して、「どのようなことに力を入れていったら、少しでも売上を伸ばすことができるか」みんなで意見を出し合っていくだけでも必ず成果は表れてきます。

自発的にお客様にドリンクをすすめるという単純なことすらできていないお店がゴマンとあるので、これをやるだけでも日々の売上は上がっていくのです。

ＦＬ（食材費・人件費）会議は必ず行いましょう。ロシア・ウクライナ戦争や円安の影響で日々さまざまな食材の値上げが報道されています。２０２４年10月からは、全国の最低賃金も上がりましたね。何も対策をとらなかったら、確実に利益率は落ちてしまいます。

少しでも利益を残していくためには、各商品の利益率を算出して対策を講じていかなければなりません。

会議を通して意見を出し合っていくことで、解決する糸口を必ず見出すことができるのです。

全体ミーティングを行う際は、以下のような目標やテーマを掲げて実施しましょう。

❶経営者や店長の情熱、夢を語る（こんな店にしたいというビジョン）
❷先月の問題点や今月の改善案の発表（具体的な行動目標）
❸新しいキャンペーン、新商品、新メニューの紹介と内容説明
❹懇親会の打ち合わせ（誕生日会、懇親会のカラオケ大会など）
❺今月の新人紹介
❻今月のベストアルバイト、優秀勤務者の表彰など

従業員の家族にも応援してもらえる環境をつくる

私が経営する会社では、店舗の忘年会や歓送迎会以外にも従業員満足のために実施している福利厚生施策があります。人間関係を少しでもよくしていくための飲み会も必要ですが、それ以上に大切にしていることが、従業員の家族が安心して快く当店で働かせてくれる環境をつくることです。

家族からの協力？　どうやって？　って思われる方もいるかと思いますが、いたってシンプルです。

■従業員の誕生日プレゼントは手渡しではなく宅配にする

誕生日は1年に1回しかないとても貴重な日です。誕生日を迎える本人は、家族と過ごすというより、恋人や友達と過ごすのが当たり前になっています。

少し愚痴になりますが、最近は誕生日に出勤してくれる従業員がほとんどいないのは私の会社だけでしょうか？　まあ、今では、週末であろうと休み希望を出すスタッフには100%休みがとれるようにしています。

脱線してしまいましたが、当社では従業員の誕生日には、自宅へ『感謝米』を贈っています。

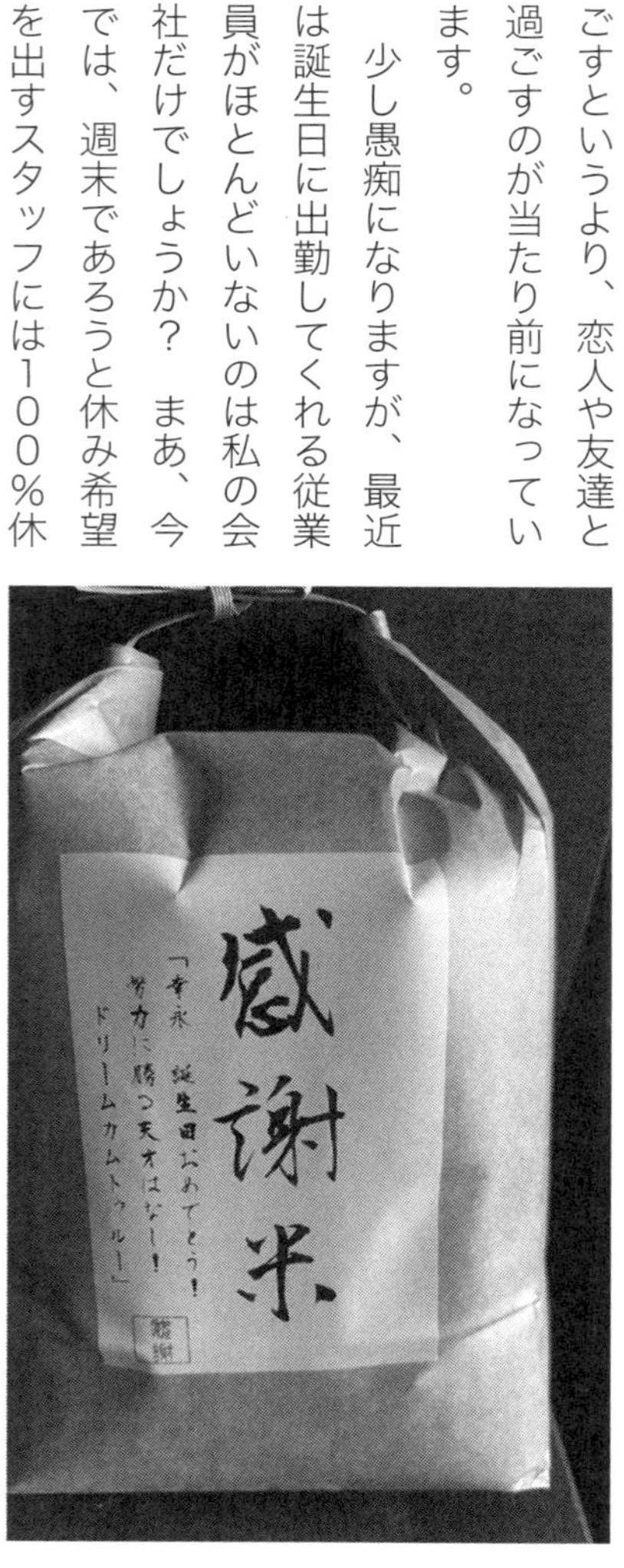

2024年の夏は『令和の米騒動』で、米不足問題が大きく取り上げられていたので、めちゃくちゃ喜んでもらえました。

お米屋さんと提携して、従業員の誕生日にコメントを入れて宅配してもらっているのです。お米は毎日食べるものなので、米を洗う度に、無意識にコメントを見てくれているようです。

私の想いとしては、こうやって毎日ご飯やお弁当をつくってくれる親に感謝してほしいのと、大切なお子様を当店に預けてくれている親御さんへの感謝の気持ちも込めています。

この誕生日プレゼントはとても喜ばれていて、親御さんがこのことをお友達に話題にしてくれて、それが来店につながったり、雇用につながることもあるのです。これには驚きました。

■お中元とお歳暮を贈る

従業員のご家族に感謝を込めて贈っています。

今年のお中元はシャインマスカットを贈りました。お歳暮は毎年豚シャブセットを贈っています。

子どもが成長していくにしたがい、なかなか家族全員そろって食事をする機会がなくなっています。せめてお盆や正月くらいは、家族団らんで食事を楽しんでほしいという思いから、贈らせていただいています。

　このような福利厚生に力を入れてから、離職率が一気に下がり、ご家族の来店が増えました。また、親御さんとの会話も多くなり、すごく仲良くなることができました。親離れしていても、子どもは親が喜んでいる姿を見るのは嬉しいのでしょうね。従業員数が多いと予算的に厳しいこともあると思いますが、求人広告費のことを考えれば、安いものだと思います。

　何より従業員全員が笑顔になれることが最高に嬉しいです。お客様の笑顔以上に従業員の笑顔を優先していくと、店内の雰囲気もよくなり、自然と笑顔の輪が広がっていきます。従業員の家族に応援されることで、さまざまな相乗効果が期待できるので、どんどんスパイラルアップしていきます。

アルバイトの面接はこうしなさい

当社の面接は至ってシンプルです。よほどのことがない限り、基本は不採用にすることはありません。とりあえず3回働いてみて、続けられそうならそのまま働いてもらって、不向きだと思ったら辞めてもらっています。

理想と現実にはギャップがあるので、まずは体験してもらうのが一番です。この採用方法にしてから圧倒的に離職率が下がりました。現場に3回入って辞めたスタッフは数に入れていませんが。結局、無理して働いていたらストレスがたまって長続きしません。

両者にとってよいのは、短い期間で決断してもらうことです。当社で合わなかったとしても、他の職場がその子にとってマッチする環境であれば、絶対にそっちのほうがよいのです。不思議なことに、3回入って辞めていった若者もお客さんとして来店してくれるのは嬉しいものです。

最低3回は働くという約束はしっかりと守ってくれているので、私は彼・彼女たちを尊重しています。もちろん1回だけ働いて来なくなってしまうこともありますが、それは論外です。最低限の約束を守ってくれるスタッフと働きたいですね。

ただし、面接を通して、会社説明は必ず行わなければなりません。どういう想いでお店をつくったのか、今働いているスタッフがどういう想いで働いてくれているのか、そしてこれから先、わが社はどういう方向に進んでいくのか、ということを説明しています。つまり、「お店の存在価値」を具体的に細かく伝えているのです。これらの話をふまえたうえで次のような質問を投げかけます。

「うちのお店で働いて、叶えたい夢や目標は何かありますか？　それを達成するためにはどんなことに意識して行動していきますか？」

私は入店してくるアルバイトの子たちに必ずこの質問を投げかけ、夢や目標を話し合っています。こうして少しでも価値共有できることで、モチベーションも上がり、お互いを思いやれる関係性を構築することができ、大学を卒業するまで、ずっと働いてくれるようになりました。

「最近の若者は責任感がない」というのは大間違い

スタッフのことを軽視している経営者をよく見かけますが、そういう経営者のお店ってあまり経営がうまくいってません。

よく考えてみてください。従業員教育がうまくいっているお店とうまくいっていないお店にはどのような差があるでしょうか？　年齢や世代がほぼ同じなのに、スタッフのレベルが全然違うのは、ただの運だと思いますか？

それは大きな勘違いです。

教育がうまくいっているお店は、「スタッフの責任感ややる気を引き出すためにどうすればいいのか？」ということを常に考えています。反対に、うまくいっていないお店は、経営者自身が今の若者は全然ダメ！だという思い込みをもってしまい、教育することを諦めてしまっているのです。経営者の意識の問題が原因なのです。

多くのお店では、アルバイトスタッフがお客様と接する機会が一番多いものです。そこで、接客していく中で感じる違和感や疑問を共有できる環境をつくることができたらどうでしょうか。

現場からの意見に真摯に耳を傾け、お互いに協力し合って問題解決していく環境ができれば、自然と組織の風土はよくなり、いい社風が醸成されていきます。当然問題も解決していきますから、結果は目に見えてよくなっていくのです。

スタッフに使命感や責任感をもってもらうためには、最後まで話し、聞こうとする傾聴力が必要です。そして、意見を吸収し、店舗改善を行うためにスタッフ全員と課題を共有し、それぞれの問題を解決していくために担当者を決めていく必要があります。

各自にポジションを与えることで自然と責任感が芽生え、本領を発揮してくれます。

さらに、向上心をもってもらうことやもっと成長していきたいという意欲をもってもらうためには、日々現場を鼓舞して、熱意でスタッフの心に火をつけていくことで、やる気のスイッチが入っていくのです。

まかないは売上アップにつながる

従業員へのまかない、つまり、従業員のための食事は、どんなものを出していますか？お客様からオーダーをとる時に、「おすすめは？」「この料理って美味しい？」と聞かれたりすることってよくありますね。その時、従業員がお店のメニューを食べたことがあるのであれば、きちんと説明することができますし、自発的におすすめできます。また、おすすめしたメニューの感想を後ほど聞くことで、お客様との距離を縮めることもできます。

しかし、食べたことがないメニューのことを聞かれたら、自信をもって答えることができず、オーダーにつながらないこともあるのではないでしょうか。

まかないは、お店の全メニューを食べてもらうことで、自然と従業員教育になるのです。可能であれば、まかない自体を従業員につくってもらいましょう。

　どういうプロセスでそれぞれの料理が完成しているのか、どんな素材を使い、どんな手間をかけているのか、料理に対しての想いを体験することができるので、さらに自信をもってお客様におすすめできるようになります。

　また、調理過程を理解していくことで、自然とキッチンサポートができるようになり、オールラウンダーの従業員が誕生していくのです。

　考え方ひとつで、まかないが立派な従業員育成へとつながっていくのです。

教育は最初が肝腎

どんなにいい物件があっても、資金が潤沢にあっても、人がいなければ出店することはできません。

急成長している企業では、人材をどのように教育していくかを最大のテーマにしています。特に最初の教育は非常に重要です。最初の1か月でどのような教育を実施するかで、その後の教育にもかなり影響が出てきます。

組織を拡大していくためには、すべてのスタッフが同じ方向に向かって進めるようにすることが大切です。

そのためにも、すべてのスタッフが同じ目線で話ができるように、新しいスタッフには、自社の「考え方」「経営方針」や「仕事のやり方」をしっかりと理解してもらうことです。

「箸の上げ下げ」までうるさく言うのではなく、会社が大事にしている価値観を共有してもらうということです。

たとえば、サービスを例にとれば、人それぞれに考え方があるのは当然ですが、会社としてのサービスの考え方とか、料理に対する考え方、店づくりの考え方などを共有してもらうのです。

ここでしっかりと会社の考え方を共有できていないと、現場に出た時に、会社の方向性と違っても自分の考えで仕事を進めるスタッフが出てきてしまうのです。

だからこそ、**入社後の最初の研修が重要**なのです。

教育を現場のスタッフに任せっぱなしにすると、人によって教える内容にバラツキがあったり教え方が違ったりして、経営者や本部が「求める内容」を短期間でうまく教えることができない可能性があります。

そこで当社では、入社日から1か月間の研修プログラムを作成し、それに基づいて研修を確実に実行しています。

入社後、会社の理念や仕事の進め方、また、サービスや料理に対する考え方のレクチャーをしたあとに、現場で自店の仕事のやり方をみっちりと覚えてもらうようにします。

そうすることで、会社が求めているものをきちんと理解してもらうことができますし、また、何をすれば評価されるのかも知ることができます。

教育は最初が肝腎です。そのためにはまず、社員スタッフに対して、どんな能力を身につけてもらいたいか、どんなことを求めるのかを明確にしてください。それが評価の要素につながり、研修内容を考えるベースにもなります。

「頑張れない理由」をいっしょに解決する

あなたのお店を繁盛店に変えるためには、自店で働くスタッフの協力が必須です。家族経営のお店であったとしても、パートナーの協力や理解を得ることができなければ、「お店を変える」ことなんて不可能です。

しかし、現実はどうでしょうか。経営者と店長の関係、店長（あるいは経営者）と従業員との関係など、どこのお店でも何かしらの溝があるように見受けられます。

「店長の売上達成意識が低い」
「店長のＦＬ管理ができていない」
「スタッフがルールやマニュアルを守ってくれない」

「スタッフの愚痴が多い」

「スタッフの遅刻や当日欠勤が多い」

「スタッフが長続きしない」


あなたもこのような愚痴をこぼしたことはありませんか？

私も昔は「愚痴ぐち星人」でした。

苛立ちがつのり、その様子が周りへと伝染していきます。当然お店の活気がなくなっていくようになりました。無意識に今ある経営課題を他責にしてしまっていたのです。

このような風土の中では、頑張りたくても頑張れないのです。そう、今ある問題はスライムな経営者がもたらした結果なのです。

スタッフはもちろん経営者としての経験がなく、経営者の悩みや苦労なんてわかりません。それなのに、「俺はこんなに頑張ってるのに……」と被害者意識にとらわれてしまっているのです。

私自身も独立する前は、雇われ側として働いていました。罵声や怒号が飛び交うお店だったので、決して楽しくはありませんでした。出勤前はおっくうな気持ちになることも多々ありました。

私の場合は、自分の店をもつという夢があったので、そんな状況であっても続けていくことができましたが、周りのスタッフはどんどん辞めていきました。その理由は、「楽しくないから」です。そんな意識がある中で「頑張れ！」と声かけをしたとしても、なかなか頑張れないんです。

では、頑張って働いてもらうためにはどうすればいいのでしょうか。解決策はシンプルで、**「一人ひとり面談」を実施する**ことです。面談を通して、頑張れない理由をいっしょに解決していくのです。私が過去に面談を通して知った、スタッフが頑張れない理由の代表的なものをいくつか紹介しましょう。

《なぜそんなに頑張らないといけないのかわからない》

頑張っても頑張らなくてももらえる給料は同じ。初めてこの言葉を聞いた時はショックでした。でも、同じようなことを言うスタッフが多かったのも事実です。

当時は経営理念もつくっておらず、その日の営業を無難にこなすだけの毎日でした。しかし、経営理念によって、会社が進んでいく方向を明確にし、そのビジョンを面接で語り、共感を得ることで、モチベーションの高いスタッフがそろうようになりました。スタッフとは常にビジョンを共有し、同じ目標を達成するために、スタッフそれぞれに役割を与え、全うしてもらう環境をつくっていきました。

そうして仕事をしていくうちに、自分のお店のため、お客様のため、社会のために、自分が行っている行動が「誰かの役に立っている」という実感をもてるようになってきたのです。

出勤前に掲げる「今日の目標」、勤務後の「振り返り」「次回出勤時の目標」をスタッフ全員で共有し、お互いにサポートし合える組織になっていきました。

そして、スタッフ同士がお互いに関心をもつようになり、「今自分がやっていることは誰かの役に立っている」という実感をもてるようになり、自発的に頑張るようになってきました。笑顔があふれ、店内の空気も素敵な感じになりました。同じ目標を達成する成功体験は、連帯意識の醸成にもつながったのです。

《成果に対して評価してもらえないと頑張れない》

「私は毎月目標達成して頑張っているのに、なんで給料上がらないのですか？　なんでまだほかの子と同じ給料なんですか？」

どんなに頑張っても正しい評価がなされないとこのような悩みが発生してしまいます。私自身もアルバイトしていた頃、同じようなことがありました。やはり適正な評価は必要ですね。

言葉だけで評価してもスタッフには正直なところ伝わりません。しかし、だからといってすぐに給料を上げる必要はないと思います。もちろん給料を上げると、飛び跳ねて喜びますし、モチベーションも上がりますが、それが徐々に当たり前になり、そのモチベーションは継続することがないのです。

働いてくれている期間や貢献度によって、少しずつ昇給していくのは必須条件ですが、毎月の目標達成時には**【ご褒美（大入）制度】**を用意するほうが組織としては盛り上がります。

目標達成した時は、お店のスタッフ全員に対してインセンティブを付与し、その中で特に頑張ったスタッフに「今月のＭＶＰ」などを決めて表彰するのです。そうすることで、スタッフのモチベーションがスパイラルアップしていきます。

《マニュアル的なものがないと頑張れない》

物事を論理的に考える左脳派のスタッフは、やはり店舗マニュアルがあったほうが働きやすいでしょう。

経営者の考え方ひとつですが、私は正直なところ、マニュアルどおりの接客を行うのには少し抵抗がありました。何か味気ないんですよね。

大手チェーン店の運営マニュアルは、すべての店舗でお客様に均一的なサービスを提供することを目的にしています。なので、大手チェーンで勤務歴があるスタッフが入ってきた場合、必ずこの壁にぶつかってしまいます。

私どものような中小零細企業は、たわいもない会話から、いかにお客様に楽しんでもらうのか、ということを最優先しています。スタッフの個性や想いを反映させていくことが重要なのです。それらを加味してマニュアルをつくるのだとすれば、やはりスタッフ全員で意見を出し合い、一からマニュアルを作成していくことをおすすめします。

そうしてできたマニュアルは、自分達で考えて作成しているので、自信をもってお客様と接することができるのです。

しかし、人対人の接客になるので、どれだけ綿密に考えても、そのマニュアルには載っていないイレギュラーなことがたびたび起こります。そうした場合、自分達で作り上げたマニュアルなので、再びスタッフ全員で意見を出し合って改善策を考え、アップデートさせていくことができます。それを繰り返していくことで、他店には真似することができない、**あなたのお店だけの〝最強マニュアル〟**が出来上がり、顧客満足を上げることができるようになります。

ぜひ、スタッフ全員で最強マニュアルを作り上げてみてください。

次ページにお店のスタッフに対する評価シートの一部を掲載しておきます。あくまで基本的な評価項目なので、あなたのお店の独自の評価項目を追加し、改善して活用してみてください。

No.	評価項目
1	出勤時・退店時に元気よくスタッフ・業者さんに挨拶ができる
2	お客様に「いらっしゃいませ」「ありがとうございました」などの言葉がはっきり言える
3	お客様や目上の人（上司）に対して、ていねいな言葉づかいができる
4	最低30分に一度手洗いを心掛けている
5	無断欠勤・遅刻がない
6	マニュアルどおりの（決められたとおりの）身だしなみができている
7	つまみ食いをしない、店舗の備品や食材を持って帰らない
8	小口現金は、すぐに必要なもの以外は、経営者に申請して購入するルールが守られている（文具や消耗品など）
9	勤務中に不必要な私語をしない
10	他のスタッフ・お客様の悪口を言わない
11	人の目を見て話すことができる
12	出したものを片付ける習慣ができている
13	わからないことは自己の判断で行わない
14	わからないことは自己の判断で行わないことを質問することができる
15	勤務開始5分前に勤務できる状態になっている

No.	評価項目
16	メモを取るクセがついている
17	他のスタッフの行動を見て学習することができる
18	聞いていないと言わずに、自分から積極的に学ぼうとする姿勢がある
19	常にお客様に注意を払い、お声がけができている（呼ばれる前に気づく）
20	お客様の来店に気づき、即行動できている
21	お客様をスムーズに席に案内できる
22	自分の非を認めて素直に謝ることができる
23	笑顔で業務に就いている
24	シフトに協力的である
25	勤務中に緊張感を維持できる
26	スピードを常に意識している
27	次に何をすべきか常に考えている
28	全員に声を出させることができる
29	衛生管理を理解し、言われなくても実行できる
30	通勤時も笑顔で、社員であることを意識している

No.	評価項目
31	自分で自分のモラルは高いと思っている
32	相手の事を考えて、働きやすい環境をつくろうと努力している
33	効率とコストのバランスを常に意識している
34	提供時間を早くするための仕込みを常に意識している
35	他のスタッフとの連携を常に考えて仕事をしている
36	店舗のムードメーカー的な存在である
37	マニュアルの内容をすべて理解している
38	マニュアルの内容を説明できる
39	全員に身だしなみ、手洗い、片付けをさせることができる
40	手すきの者がいないか常に注意している
41	その日のスタッフの技量を把握している
42	他のスタッフを引っ張っていくことができる
43	元気のない者に元気を出させることができる
44	他のスタッフの見本となるような行動をとることができる
45	誰とでも仲よくなれる

No.	評価項目
46	社員としての責任を理解し、自覚している
47	全員の仕事の優先順位を常に考えている
48	店舗の雰囲気を変えることができる
49	常に注意深く周囲を見て、ミスを防ぐことができる
50	ミスが起こった場合に、すぐに対処できる
51	ミスが起こった場合に、原因を解明し、再発防止に取り組める
52	相手（お客様、スタッフ）の傲慢な言動に対して、感情的にならない
53	売上目標を意識し、達成しようと努力している
54	人件費予算を意識し、達成しようと努力している
55	仕入予算を意識し、達成しようと意識している
56	利益目標を意識し、達成しようと努力している
57	売上金・つり銭・小口現金の取り扱いの重要性を認識している
58	迅速な行動ができる（特に会社からの指示・決定に対して）
59	常に会社・社員・アルバイトのことを想い、前向きに仕事できる
60	自分の将来像をイメージしながら、今なにをすべきか判断し、行動している

物は言いようで人材育成になる

新人のスタッフやなかなか業務をおぼえてくれないスタッフには、ついつい強い言い方で叱ってしまうことがあります。

しかし、人は何か注意をされた場合、素直に受け入れることができる時とできない時があります。言い方や言われるタイミングなどもありますが、ニュアンスとして叱られたり、怒られたりすると、素直に受けとめられないものです。こういう時に言い方を工夫すると、人材育成に活用することができます。

間違いを指摘する時、次のように言ってみると素直に聞いてくれます。

「ここはこういうふうにしようか」

「ここを変えるともっとよくなるで」

「ここはこうしたほうが、みんなもやりやすいんとちゃうかな」

ところが、次のように言うと、どうでしょうか？

「なんでそんなやり方をするん」

「そんなやり方をされたら迷惑やわ」

「もっとみんなのことを考えろや」


なぜ叱ったり怒ったりする必要が出てくるのでしょうか。「叱る」も「怒る」も相手をよい方向に導くためのアクションです。つまり、相手によい方向に向かってもらうということを目的とするのであれば、やはり相手が受け入れやすいほうがいいでしょう。

叱るや怒るというアクションは、ただ不備のある部分を自分の感情で指摘するだけであり、相手をいやな気持ちにさせてしまいます。

この時、〝人材育成〟を意識すれば、これはよい教育の機会になるのです。

「教える」は、仕事のやり方を伝えるのではない

人を教育していくというのは、学校などの教育機関だけでなく、実社会の活動の中でも担うべき大事なことです。

そもそも経営者として人を雇うということは、その人間を成長させる、成長していく環境を用意する、自分が育てるということであり、その覚悟をもっていない限り、雇い入れてはいけないのではないかと思うのです。中途半端な気持ちで人を採用すると、結局辞めてしまう、もしくは今の経営にわるい影響を与えてしまい、辞めさせなければならないという結果になってしまいます。

経営者として、教育者として、従業員の成長に貢献していくこと。それが、繁盛店主の役割です。

そこで、どうすれば従業員が成長していくかということになりますね。

人は心のどこかで、自分がどこまでできるか？　どこまで可能性があるか？　自分の枠組みの大きさを自分で決めてしまっています。

「〇〇なんて、絶対無理」――つまりこれは自分で自分の枠組みを固めています。

このように自然に、**自分の可能性の限界を決めている枠組みのことを「パラダイム」**と呼んでいます。この言葉は、あなたも聞いたことがあるかもしれませんね。

繁盛店主の役割としては、従業員の成長を促進するために、まずはこの従業員の心の中にあるパラダイム（枠組み）を壊して、広げてあげるという作業が必要になります。

人は、自分の想像している以上のものにはなれません。**成長していく際のモチベーションになるのは「自分にもできる！」といういわば根拠のない自信**なのです。そこで、まずは経営者自身が従業員の可能性を信じる必要があるのです。

「褒める」のではなく「認める」ということが、コミュニケーションとしても大事なことだと言われています。たんに褒めるのではなく、相手の言動を認める。同時に自分の想いも伝える。そういうプロセスがあって信頼関係が生まれるのです。

第4章

販売促進の〝奥の手〟はある

広告宣伝費を捻出できないスライムから脱却するには

よく「お金かけて宣伝したいんやけど、その予算がないねん」と相談を受けることがあります。

私は、その言葉を聞いて毎回驚いてしまいます。

「嘘やろ」って。

覚悟を決めて開業したのに、「何甘いこと言ってんの?」って。

広告宣伝費が捻出できなかったら、つくったらいいのです。出勤前の3時間、もしくは閉店後の3時間、週3回アルバイトしたら、4~5万円くらいの収入を得ることができます。その収入で広告を打てばいいんです。

しかし、スライムに汚染されていると、「だって…」「けど…」「でも…」とできない理由をどんどん並べてくるのですね。

私は開業1年目の時は、時間を惜しまず、アルバイトをして広告宣伝費を捻出していました。

当時を振り返ると、多少はしんどかったですけど、明るい未来を見ていたので、そんなに苦労したとは思っていなかったですね。

口を酸っぱくして何度でも言いますが、**覚悟**です。

自分のお店をどこまで愛しているのか？　というのがすべて行動に表れます

お金をかけなくても宣伝はできる

さすがにアルバイトまではしたくない、と言われる方が多いので、いつも当店が行った販促でうまくいった事例を紹介しましょう。今のところ確実に成果は出ています。それでもやらない人はやらないものです。やらない方は、ここまでのページまで本を読み進めることができないので、きっとあなたはできると信じています。すごく簡単なことなので、あとは行動するのみです。

■求人媒体を利用する

検索エンジンで『〇〇（あなたの店舗の地域）求人』と調べてみてください。すると複数の求人企業のサイトが出てくるでしょう。

まず、あなたのお店から半径約300メートルの会社をリストアップしていきます。同業者のお店もリストアップしてください。

あとは、リストアップした企業に『歓送迎会の案内DM』を送付するだけです。

求人募集しているということは、誰かが退職する、新たな雇用、業務拡大、会社設立、営業所・支店開設などの理由があります。ということは、季節に関係なく、歓送迎会や決起集会といわれる「宴会」があるということなんです。

幹事さんも場所を探す時間やストレスがあるので、タイミングが合えば、DM1通だけで、あなたのお店で宴会を利用してくれるわけです。

そして、来店者に認知され、気に入ってもらえると、プライベートでも利用してくれるようになります。

私は開業1年目の時にこの宣伝方法を思いつき、50社近くの企業にDMを送りましたが、30社ほどの利用がありました。すごいレスポンス率・成約率（60％）ですよね。

『○○株式会社様限定　4000円（税込）飲み放題コース』というタイトルを入れた内容でした。かかった費用は、印刷代1000円、切手代4000円。合計5000円の広告宣伝費で50万円の売上があれば十分ではないでしょうか。

私はこの販促方法をきっかけに経営危機を乗り越えることができ、さまざまな販促を研究していくようになりました。

読者のみなさんは、この必殺技を知るだけでも本書を買ってよかったと思いますよ。

■DMは同業者にも有効

同業者にDMを送っても意味がないと思われる方もいるかもしれませんが、それはまったく逆で、じつは同業者の利用も多かったのです。考えてみると、自店の歓送迎会する時って、自分の店で開催しない限りどこかのお店を探しますよね。そんなタイミングの時にDMを目にすると、同業者ということもあり親近感が湧いて利用してみたくなるみたいです。「どんな料理が出てくるんやろ」という好奇心もありますね。

この1枚のDMがきっかけで10年以上付き合っている経営者仲間が何人もできました。こうやって人脈形成する方法もあるんですね。

私はさらに、**宴会利用後の3日後くらいに、2000〜3000円の菓子折りをもってお礼回り**をしました。これがまた感謝・感動してくれるんですよね。もともとなかった宴会だったので、そのことを考えると、めちゃくちゃ安い広告宣伝費です。

■DMを送る時の注意事項

《病院や役所は各部署に送付する》

病院や役所の宴会は各課で行われます。1通のDMだけ送ってしまうと、庶務課や総務課で処理されて、他の病棟・部署に知らされることなく捨てられてしまいます。

『○○病院整形外科　宴会担当幹事様』『○○区役所健康福祉部　宴会担当幹事様』という感じにします。病院や区役所の利用は想像以上に多かったですね。プライベートでも一番よく来てくれる上顧客でした。看護師・公務員のお客様は本当に大切にしてください。

それ以外でも、いくつかの部署がある会社に対しても部署毎にDMを送るようにしてください。ネット検索で病院や会社を調べたら、だいたいは会社組織が載っているので、それを参考にしてみてください。

《次回使える割引券は、アプリよりアナログのほうが効果的》

読者のみなさんは過去に、次回使える「ワンドリンク券やお食事券」をどこかで受け取ったことがあるのではないでしょうか。

では、そのサービス券を何回使ったことがありますか？　そのサービス券は、ポケットに入れたままにしてしまうと何かの拍子で破棄したり、財布に入れてもレシートと紛れて捨ててしまったりするのではないでしょうか。

今や多くの人が便利に使っているアプリでもそうです。わざわざお店のアプリを開いて来店する方はどれくらいの確率でしょうか。多くの人は、アプリを消してしまう傾向にあるのです。

私が今まで実施した販促の中で一番回収率がよかった（回収率60％）のが、次ページの「次回使えるお食事券」です。

お釣りをお渡しする際、わざとお札と一緒に手渡すのです。するとほとんどのお客様はそのまま財布に入れます。それが翌日、「このお札見て～」と話題になったりもします。どこかで買い物する度にこのお札を目にしてしまうので、**このお札がある限り、お店のことを忘れることはない**のです。

お食事券の金額は1000円以上で設定したほうが効果的です。お一人様ワンドリンクサービスより、1000円券のほうが顧客心理としては価値が高いのです。

このマネーマジックは驚異的です。使わない手はありません。

ファミリー層を味方にする

ファミリー層を味方にするには、子どもを味方にすることが絶対的条件です。なぜなら、親は子どもが行きたいお店に連れて行きたくなるものだからです。ですので、子どもの記憶に残るような取り組みを行うことが大切です。

マクドナルドの「ハッピーセット」がまさにそうです。

大人になってもマクドナルドが好きなのは、子どもに喜んでもらうためのキャンペーンを何度も打ち、無意識のうちに「マクドナルドが大好き！」というイメージを与えているからです。

大手のように予算をたくさんかけることはできませんが、あなたのお店であっても、できる販促はたくさんあります。帰りにおもちゃをあげたり、お菓子をあげたり、記憶に残る取り組みをすることが重要です。

「あそこのお店に行けば、おもちゃがもらえる（お菓子がもらえる）」

この記憶を子どもに残し、また親御さんもあなたのお店のファンであれば、必ずあなたのお店の存在は記憶に残り続けます。ファミリー層を味方にすることは、**末長いお付き合いができる最高のロイヤルカスタマー（生涯顧客）になる**ことでしょう。

常連様（顧客）を徹底的に大切にする

商売していくうえで新規顧客を獲得していくのは大切ですが、それ以上に重要なのが常連様の囲い込みです。

あなたのお店にも何組もの常連様がいらっしゃるでしょう。名前はわからないけれど、定期的に来店されるお客様もいらっしゃいます。まずは、その既存客にもっともっとあなたのお店のファンになってもらうことが最優先事項となります。

初来店のお客様が大変満足してお帰りの際、「すごく美味しかったです。また友達と来ますね」というようなお褒めの言葉をいただく光景を目にしたことはないでしょうか。しかし、待てど暮らせど一向に再来店してくれる様子がない。それはどうしてなのか？

理由はいたってシンプル。**お客様があなたのお店の存在を忘れているから**です。人間は物事を忘れてしまう動物なので、忘れられない、思い出してもらう工夫を常に考えなければなりません。人は1日後には74％のことを忘れると言います。昨日の晩ご飯は何を食べたのか？　はたまた2日前の晩ご飯は何を食べたのか？　を瞬時に答えられる方はそうはいないと思います。それだけ人間は忘れっぽいのです。

　ということは、定期的に来られている常連様は、あなたのお店を忘れることなく、すでに認知してくれている最高のお客様なんです。常連客の失客は、売上を下げる要因となってしまいます。というのも、**お店の売上の8割は、2割の常連様で構成されている**と言われているのです（パレートの法則）。

　したがって、売上を支える2割の常連客のために費やす時間やサービスを増やすことで、結果として全体の売上が伸びていくのです。

《パレートの法則》

❶売上の 80％をリピーターが生み出す
❷リピーターが新しい顧客を獲得してくれる

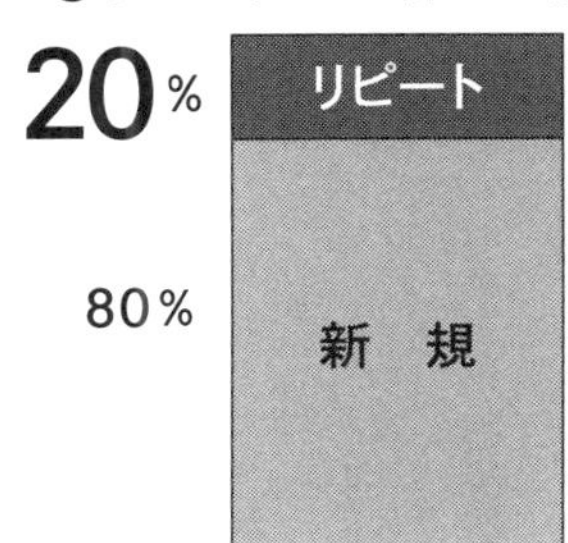

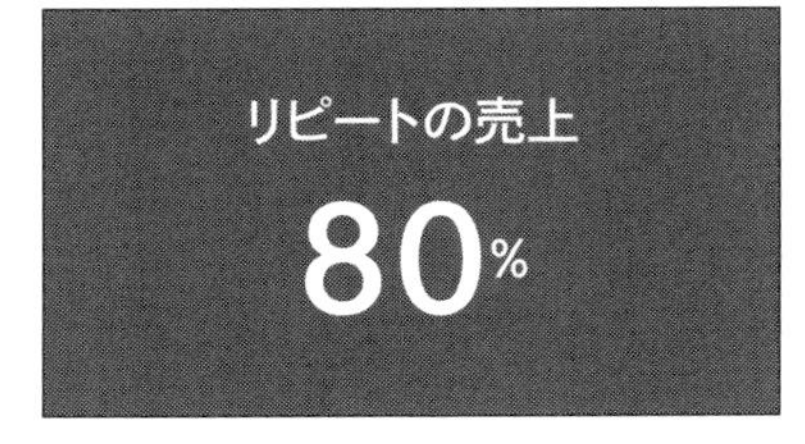

――リピート率／継続率も高い――

最強のコミュニティ戦略

私たち中小零細企業は、同じような経営手法では絶対に大手企業に勝つことはできません。大手企業は、モバイルオーダーや配膳ロボを導入したりして話題づくりをしていますが、私達にはそんな予算なんてないですし、そんな機械的経営に魅力なんて感じないでしょう。でも、結果として、最終的に黒字経営することができるのが大手企業なんですよね。

しかし、そんな大手企業が真似できないのがコミュニティ戦略です。店舗でコミュニティをつくろうとすると、どうしても時間の縛りが出てきます。大手企業がこの戦略をとらないのは、それが理由です。

私達もコミュニティの創造に興味がなければ、継続することができません。たとえばよくあるのが、ゴルフコンペの例でしょう。あなたがゴルフ好きなら、ゴルフ好きなお客さんを集めてゴルフコンペを定期的に開催して、ゴルフ後の食事会はあなたのお店で開催することができるでしょう。しかし、ゴルフにまったく興味がなく、プレイすらしたことがなかったら、継続したコンペは開催できなくなってしまうでしょう。

理由は明白で、面白くないから。でも、すべて仕事と割り切って楽しく運営できるのではあれば、話は別になってきます。

コミュニティの仕組みを構築して、その後は誰かに権限委譲さえすれば活性化することも期待できます。

コミュニティ＝人間関係だと捉えて、形になっていくプロセスで必要となるのが、コミュニケーショ

ンの量や質なのです。

このようなことの価値を打ち出すことで、それに共感したお客様が興味をもち、自然と活発な場が生まれ、居心地のよいコミュニティが形成されていくのです。コミュニティの力は飲食店にとって最強です。

それでは、どのようなコミュニティがあるのでしょうか。過去に私が育てたコミュニティをいくつか紹介していきます。

■鶏バカコミュニティ

月に1回開催。参加者は5～10人くらい。参加費5000円でコース料理・ドリンク飲み放題（2時間）。

ふだんお店では食べることができない希少部位（トサカ・もみじ・アキレス）を食したり、お客さんが大好きな焼き鳥屋の「プレゼン発表会」などを開催。私も知らないことが多く、とても勉強になりました。鶏バカの集まりなので、うんちく合戦が続きすごく楽しかったです。

■ポーカーコミュニティ

月に2回平日に開催。参加者は10人前後。参加費5000円で一品料理と飲み放題。私はポーカーができなかったので、ポーカー好きのお客さんに集まってもらって、ファーストコンタクトは私がセッティング。その後は、閉店までずっとポーカーをプレイしてもらっていました。

目的がポーカーでゲームに集中しているので、料理数は5品くらいのおつまみ程度でした。お客様同士、すぐに打ち解けて頻繁に来店がありました。

■営業前に客席を提供

仕込中はもちろんお店を開けることはできませんが、客席を開放することはできます。それを利用して、オセロ・囲碁・将棋のコミュニティをつくって、対局してもらったり、小さい大会を主催したりもしていました。

私を含めスタッフはそれには参加せず、仕込みに集中していました。客席を提供する条件として、対局後は食事会を開催してもらっていました。お店としても、開店と同時に10～20人の宴会が入るのはとてもありがたいことです。コミュニティは、LINEのオープンチャットを使って運営していました。

■お客様との接触機会が多いと、満足度が持続し、次回来店の期待感が高まる

お客様はあなたが思っている以上に、本当にあなたのお店の存在を忘れてしまうのです。たとえば10秒以内に、あなたの最寄駅から自宅までに何軒の居酒屋があるのか、抽出してみてください。よく出てきても5軒前後でしょう。その中にあなたのお店が選ばれなければなりません。選ばれるためにはどうしたらいいのでしょうか?

30日間に3回以上の接触をすると次回来店率が向上するとのデータがあります。接触（コンタクト回数）は多ければ多いほどよいのです。最低、次回来店までに3回は接触が必要となります。だからこそコミュニティづくりが大切なのです。

人間関係は短期間に集中的に会うと深くなっていきます。それぞれの目的（顧客の心理、それをどう動かすのか?）が重要となってきます。目的が決まれば、それに沿った内容（コミュニティ）を決定することができます。

第5章

顧客満足——QSCが基本

繁盛店の基本はQSC

飲食店を繁盛にする基本のポイントは、QSCを向上させることです。

クオリティ（Quality）——温かく、出来たてのお料理を迅速に提供する
サービス（Service）——お客様を大切なゲストとしておもてなしする
クレンリネス（Cleanliness）——店舗だけでなく、自分自身を含め、常に清潔な環境を保つ

■「クオリティ」とは

温かいものは温かい状態、冷たいものは冷たい状態のままで提供するのは当然です。

またお客様に喜ばれるパフォーマンスも大切です。たとえば、皆さんが普通に食べるお米に着目してみましょう。炊飯器からよそったご飯をそのまま提供するのと、こだわり感を出したポスターを店内に告知するのと、どちらが美味しく感じるでしょうか。

新商品開発や仕入先の見直しはもちろん、人気商品や既存のメニューの調理方法や味付けを見直すこともクオリティの維持、もしくはクオリティアップにつながります。

もともと人気商品だったハラミユッケも味付けや盛り付けなどリニューアルし、さらに美味しくなり注文数が増えました。リニューアルすることで、常連様が料理に飽きず、生涯顧客の囲い込みができるようになるのです。

「今の当たり前を疑う」こともクオリティを高めるためには大切なことです。

たとえば、私の店ではもともと高出力のガス釜で炊いていたご飯を提供していて、ご飯の評判もすごくよかったので、まったく改良する余地もないものでした。

しかし、「当たり前を疑う」をテーマに社内会議を実施した際、「お米」に対して深掘りしていくことになりました。

●どのようにしてお米を炊いているのかを伝える

●お米の産地を表示する

じつは、この2項目しかお客様に伝えることがなかったので、わざわざポスターにして見える化する必要なんてなかったのです。

しかし、会議を通して「さらに美味しいと思ってもらえる工夫をしよう」ということで、ライスポスターを作成することになりました。顧客満足度を上げるために、よりお客様に伝わるにはどうすればいいのかという議論を重ね、より美味しく炊き上がる銀しゃりの釜をお店の入り口に設置し、炊きたてのご飯を提供しようと工夫しました。

正直、ポスターを貼ったところで大した変化はないだろうと思っていました。

ところが、どうでしょうか？　大きな変化が起こったのです。

注文数が想像以上に増えたのはもちろん、お客様に美味しそうだなと伝わりやすくなり、味覚だけじゃなく視覚からも美味しさが伝わり、満足度が倍増しました。そうすることで口コミでも「お米にもこだわりを感じる美味しいお店」という認識が広がり、お店の評判も大幅に上がりました。

■「サービス」とは

常にアンテナを張り巡らせてお客様の動向を観察し、お客様の予測を上回ることです。働くすべてのスタッフが「おもてなしの心」を持ち続けていることが大切です。

- ●「わかる」と「できる」は違う
- ●こうやったら、もっと来店率が上がる
- ●こうやったら、もっと客単価が上がる
- ●こうやったら、もっと顧客満足が高まる

あなたも、いくつかのノウハウはもっていると思います。検索エンジンで調べるとたくさんの成功事例を見ることができます。

「昔、同じようなことをやったけどあかんかったわ」

「いつかやろうと思っててん」と言われる方が多いように感じます。

私からすると「わかっているのに、なんでやらへんの?」となります。

行動を起こして、成果が表れなかったとしても、そこで諦めるのではなく、何度も検証を行って、「できない」⬇「できる」にまで経験値を積んでいくことです。

たとえば、料理経験のないスタッフにオニオンスライスの切り方を教えたとします。包丁の持ち方、手の添え方、玉ねぎの繊維の方向、薄く切るコツなどを丁寧に事細かく指導します。そこで、オニオンスライスの切り方は「わかった」と理解します。あとは実践です。

果たして、初めて包丁をもつスタッフが、オニオンスライスができるようになるのでしょうか? やり方をわかっていてもできないですよね。包丁技術を習得するには、場数を踏んでいくしかありません。時間をかけて、ようやくできるようになるのです。

接客についても同じようなことが言えます。お客様が喜んでくれるやり方はわかっているけど、行動に移す勇気がなかったり、面倒くさかったり、忙しいからできない、わかっているのにできないってすごくもったいないと思いませんか？

これが当たり前になってくると、顧客満足を追求することができなくなってしまいます。一つでも多くの項目が「できる」ように実践していきましょう。

「心配」は「心配り」

- お客様が寒そうにしていないか
- 苦手な食材やアレルギーはないか
- アルコールを飲み過ぎていないか
- 終電に間に合うのか
- 紙エプロンを使ってくれているか

「気配」は「気配り」

- お客様の顔や名前、前回何を注文していたのかを覚える
- ドリンクがなくなりそうなら、お代わりの有無を確認する
- 人見知りをしない

●隣の席がうるさいので席を替えてあげる
●会計時に割り勘計算をしてあげる
●寒い時期、お見送りの時にカイロをプレゼントする
●雨の日の来店時、タオルを渡す
●紙袋をもっていたら、濡れないようにビニール袋を被せてあげる

■「クレンリネス」とは

お客様が初めて訪れるときの評価基準は「クレンリネス」（清潔さ）です。家族で飲食をする時の決定権は女性にあります。女性にとって「衛生的である」「店内がきれいである」「従業員が身ぎれいである」は重要なポイントです。

飲食店ＱＳＣで、一見客を取り込むには、最初にクレンリネスにフォーカスする必要があります。

お客様目線に立ち、クレンリネスを客観的に確認する「仕組み」が必要です。また、新装開店時のクレンリネスを維持するには、清掃のシステムが必要です。そして、常にお客様の目線に立って確認すること。

- ●お客様の目線に立ち、店舗を眺める
- ●お客様の目線に立ち、客席に座る
- ●お客様の目線に立ち、客先を眺める
- ●お客様の目線に立ち、厨房を眺める

「何か」が見えてくるはずです。

椅子・テーブルの汚れ、テーブルや横壁のホコリ、乱雑な厨房、従業員のユニフォームの汚れ、店舗外観の汚れ、メニューがベタベタ……など、毎日の職場環境に馴れていると、本来見えるべきものが見えなくなります。

客観的にクレンリネスを確認するには、「チェックリスト」も必要です。

飲食店の柱は「人にあり」です。**最新システムの導入を検討するよりも前に、人材の真価を最大限に活用する**ための取り組みを考えましょう。

■「5S」の重要性

生産性向上のための取り組みの基本となる「5S」は、飲食業界のみならず、すべての組織において、職場環境を整えるために必要な要素です。

「5S」は、「整理」「整頓」「清潔」「清掃」「躾」の5つのキーワードの頭文字をとっています。

整理：業務に必要なものだけを保有し、不用品はすべて処分する
整頓：機能的な置き場所や置き方を定め、「探す」という無駄な行為を排除する
清潔：事故を防ぐため、衛生管理を徹底する
清掃：いつでも定期的に清掃を行うことで職場の意識を高める
躾　：以上の4点を実行し、それを習慣化する

不要なものが場所を占拠していたり、ものを探すことに時間がかかったりするような職場では、生産性の向上は望めません。

まずは機能的な整理整頓を行い、清潔な職場環境を整えるための清掃を習慣として身

につけることが大事なのです。

５Sを実践することで、職場から時間や場所の無駄を排除することができ、また、職場における管理能力や職場環境に対する社員の意識を向上させることができます。ひいては、過剰在庫を減らし、業務効率や職場の快適性を向上させることにつながるのです。

生産性向上へとつながる５Sを実施するには、現状を認識し、課題を明らかにした実施計画書の策定が重要になります。計画書には、課題をリストアップし、その解決策を策定、責任者を定めることが必要です。

そして、もっとも重要なポイントは、計画の内容を全社に周知し、それを習慣化することができるかどうかにあります。

５Sの目標は、あくまで生産性の向上です。結果として生産性が向上したかどうか、実施結果のチェックを行い、次期の５Sへとつなげるサイクルを常態化することが、最終的に顧客満足につながるのです。

天井・壁・トイレなど		○	×
①	食器やグラス類にしみや欠けはありませんか		
②	カスターセットにべたつきや汚れはありませんか		
③	床の隅や天井に蜘蛛の巣や埃はありませんか		
④	電球切れがありませんか		
⑤	ポスター、POPなどに汚れやはがれ、曲がりはありませんか		
⑥	植栽や生花に枯れや埃はありませんか		
⑦	メニューに折れや切れ、傷みやべたつきはありませんか		
⑧	ダスターに異臭はありませんか		
⑨	床にべとつきや汚れはありませんか		
⑩	トイレは定期的に掃除されていましたか		
⑪	トイレの給排気口は綺麗ですか		
⑫	手荒い洗剤は補充されていましたか		
⑬	便座は綺麗ですか		
⑭	鏡はピカピカですか		
⑮	手洗いシンクに汚れはありませんか		
⑯	床に汚れやゴミ、水濡れなどはありませんか		

顧客満足度を最大にする

すべての企業が「顧客満足」を追求しています。では、飲食店にとっての顧客満足とはどういうことでしょうか。

■商品の品質とサービス

C（クレンリネス）に続いて、お客様にとって大切なのは商品の品質（Q：製品や料理）と、お客様を思いやる対応（S：サービス）の2点です。つまり、物理的要素と心理的要素の両方のバランスを偏ることなく高めていくことが重要です。

お客様の求める欲求を満たすために、その商品・サービスがお客様にどのくらい受け入れられているのかを知り、検討していきます。そして、お客様の心をつかんで満足していただくために、心を配り、気を使い、思いやり、おもてなしの心をもつのです。もちろん気配りは、押しつけにならないようにしなければ逆効果になることもあります。そして不満をもたれたお客様に対してはフォローが不可欠です。

■顧客満足アップのために

ポイント❶　お客様の意見を参考にして商品・サービスをグレードアップ

新規顧客・既存顧客へのアンケート調査、インタビュー等を定期的に行い、さまざまな意見を集め、現在の商品の再開発を図り、サービスを向上させていきます。

ポイント❷　顧客満足の調査・数値化

お客様からのお礼を数値化することでモチベーションのアップを図ります。そしてお礼を言われた理由をデータベース化してマニュアル化すれば、今後の対応のレベルアップを図ることが可能となります。

ポイント❸　しっかりしたクレーム対応

お客様が不満を言われた時は、しっかりと対応することによって不満↓満足にすることも可能です。いいかげんな対応をすれば、その後、大きな影響を及ぼすので注意が必要です。お客様を失うだけでなく、次項のように悪評の原因になってしまうのです。

■顧客満足の影響

お客様の満足・不満足はどのような影響を与えるのでしょうか。

まず、お客様の期待通りの商品・サービスを提供することでリピーターが増えます。大きく影響するのはクチコミによる顧客の増減でしょう。

顧客満足が上がれば上がるほど、満足されたお客様からの紹介などによる新規のお客様の獲得が可能となります。クチコミが人を呼び、売上も伸びるのです。

しかし、不満足度が上がればお客様が激減する可能性もあります。わるい噂はすぐに広まる

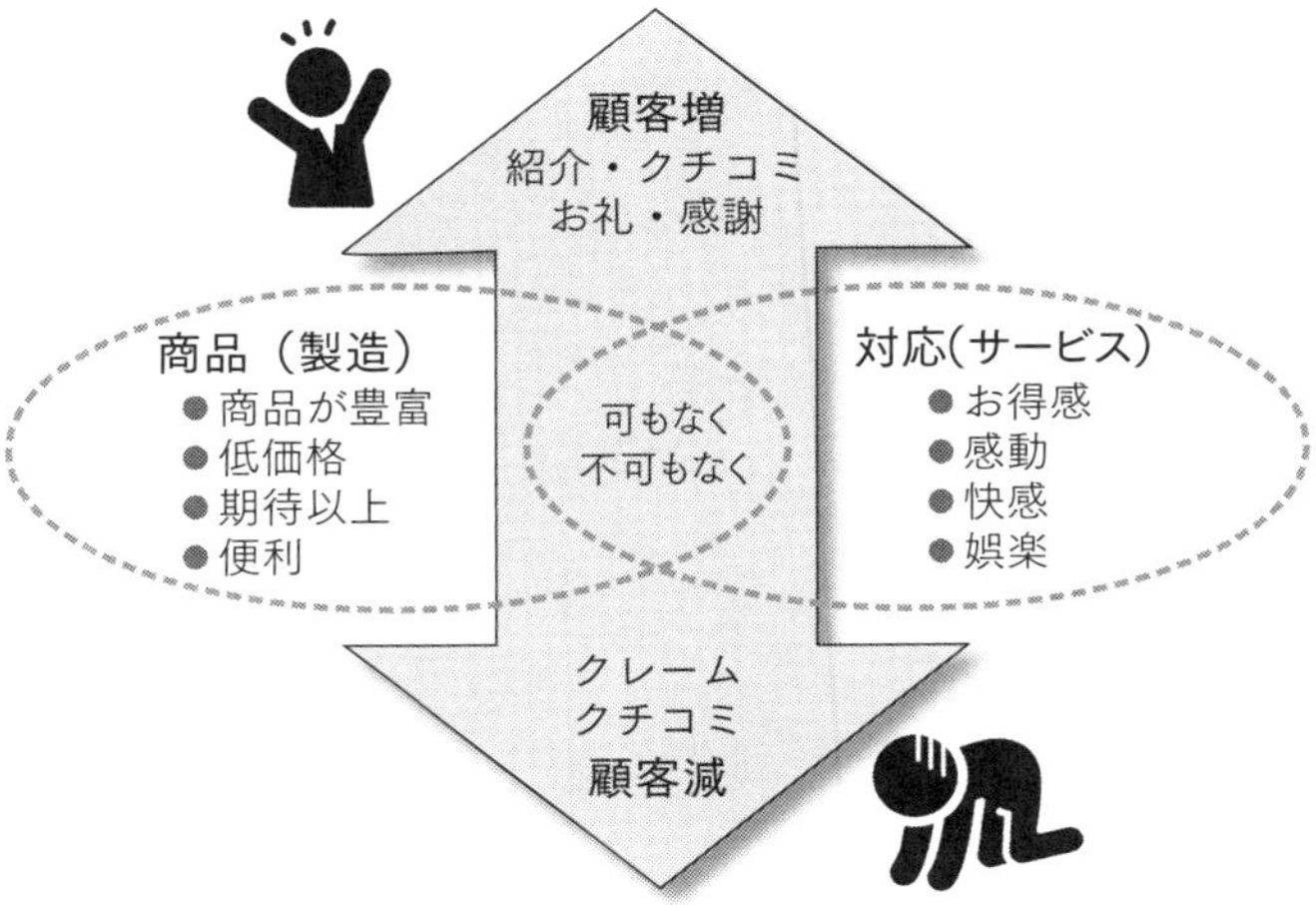

ものです。信頼を回復させるまでには、かなりの時間とコストがかかります。

■**お客様を理解しよう**

顧客満足を高めるために必要なのは、まずお客様を知ることです。アメリカの心理学者マズローは、人は5つの段階で欲求のレベルが高くなると唱えています。マズローの法則は、マーケティングを考えていくうえで、いろいろな戦略に活かすことができます。

❶生理的欲求

●人が生きていくうえで欠かせない基本的な欲求
（食欲・睡眠・性欲など）

❷安全性欲求

●自分の身を守りたい
（住居・衣類・貯蓄など安定させたい）

❸社会的欲求

●家族・社会など集団に帰属していたい

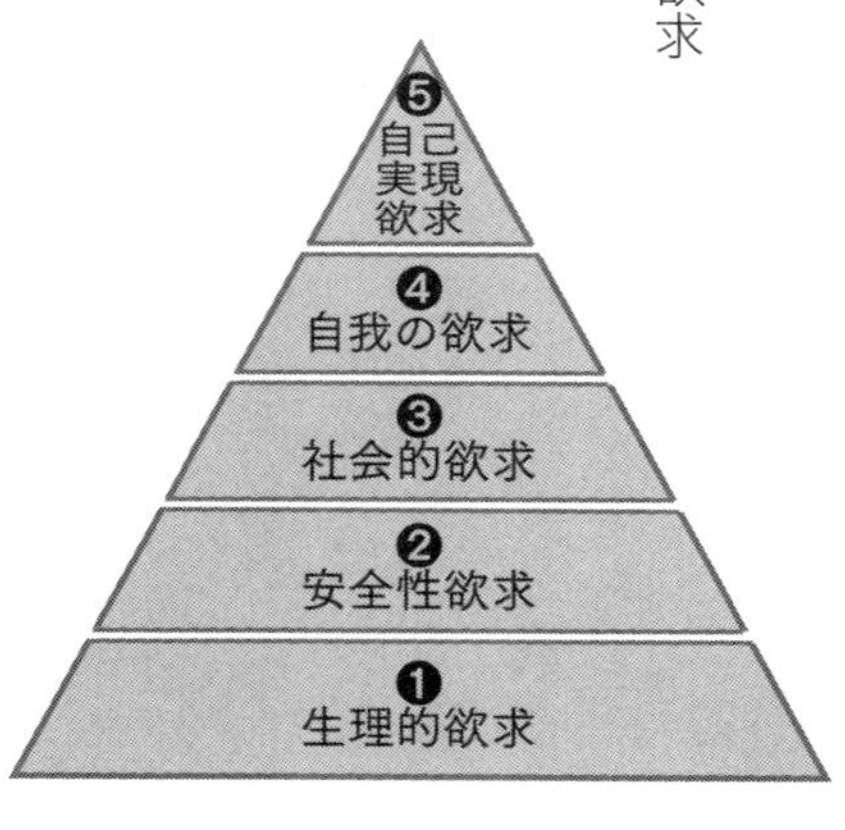

（友情・愛情・人間関係）

❹**自我・自尊の欲求**

●他人から尊敬されたい（評価・昇進など名声を得たい）

❺**自己実現欲求**

●自分らしく、充実した人生にしたい（潜在能力を発揮して思いどおり生きたい）

■お客様のニーズとは

マーケティングでは「お客様のニーズ」という言葉をよく使います。このニーズはマズローの法則にある「欲求」を、「ニーズ」（needs：必要性）「ウォンツ」（wants：欲求）「デマンズ」（demands：需要）の3段階に分けたものです。

マーケティングはニーズを作り出すことはできませんが、ウォンツに影響を与え、デマンズを商品に向けることが可能です。CM、折込チラシ、DMなど、その方法はさまざまです。

ただし、最近ではお客様が必要性を感じていない、潜在的な欲求のままの状態が多くなっています。たとえば、現在では当たり前になっている携帯電話は、30年前はほとんどの人が「こんな商品がほしい」とは思っていなかったでしょう。しかし、メールやウェブが一般化すると、誰もが携帯・スマホが「必要だ」「ほしい」と思うようになりました。つまり「ニーズ」になったのです。結果、現代では携帯電話のない生活が考えられないほどに普及しています。

ニーズをしっかりとらえながらも、常にウォンツを意識していくことも必要なのです。

■選ばれる動機をつくる

要求が具体的なものとなると、お客様は購入を検討します。次に、商品が決まればそれをどこで購入するかを検討します。

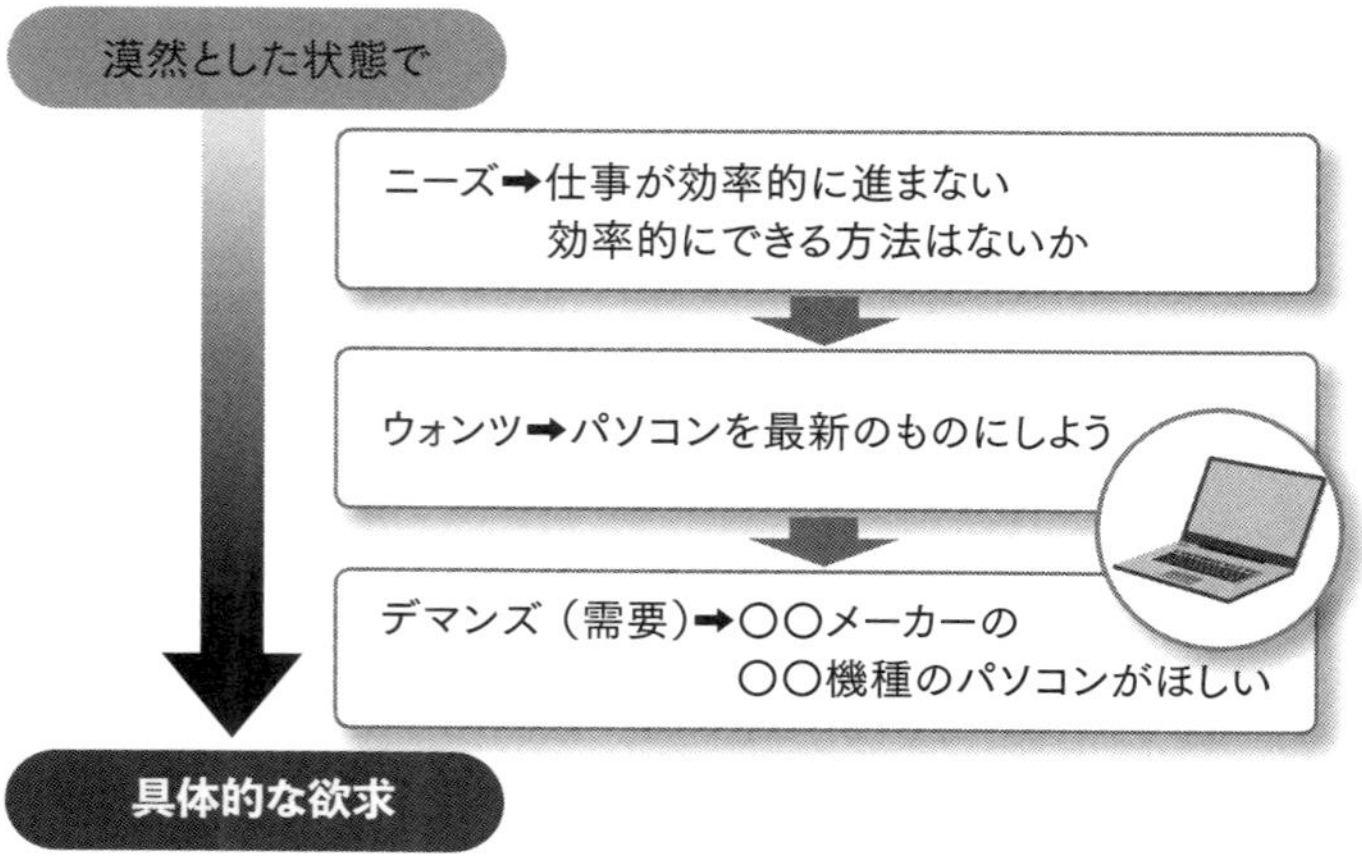

漠然とした状態で

ニーズ➡仕事が効率的に進まない
効率的にできる方法はないか

ウォンツ➡パソコンを最新のものにしよう

デマンズ（需要）➡〇〇メーカーの
〇〇機種のパソコンがほしい

具体的な欲求

ほしい商品はA店とB店で取り扱っています。A店は全国チェーンの電気店で3年間の保証サービス付です。B店は近所の電気店で1年間のメーカー保証しか付きません。同じ値段で買うとしたら、どちらが選ばれるでしょうか？　同じ商品を同じ価格で買うとすれば、それに付随するロイヤルティ（サービスや顧客満足）が選ばれる動機となるでしょう。

また、ビジネスを成功に導くために、売り手側はお客様と長く付き合いたいと思っているはずです。一度たまたまご来店・ご購入いただいたご新規様から、お得意様になるまで継続して利用していただくためには、お客様に十分満足していただける商品・サービスを提供することが不可欠です。

サービスの基本はおもてなしの心でお客様に接することです。つまり、「顧客満足」が必要条件となることを理解しなければなりません。

自社課題の根本的解決はアンケートから

自店舗で働く人だけで、自分のお店の改善点を見つけるのは非常に難しいものです。なぜなら、毎日お店にいると、今まで気づけていたことが、いつの間にかその景色が当たり前になってしまい、気づけなくなってしまうのです。

たとえば、お店に久々に入ると清掃ができてない箇所に気づくことができますが、毎日入っていると、気づけなくなってしまいます。

また、料理の盛り付けなど細かい点も、毎日お店に入るとそれが景色になり当たり前になってしまい、気づかないうちに、お店の全体のレベルが下がってしまうことがあるのです。

こうした〝馴れ〟を防ぐためには、アンケートを通してお客様の声に耳を傾けること

項目		アンケートによるお客様の意見や感想（記述）
31	トイレ・洗面台	掃除をもう少ししてほしい
32	フード	刺身系の料理が遅いなと思いました
33	商品提供	他店では食べたことのないメニューでいいんですが、食べ方の説明があってもいいかな
34	スピード	ご飯をもう少し早く出していただきたかった
35	その他	飲み終えていないグラスを片付けられた
36	商品提供	飲み物の提供が少し遅い
37	接客	店員どうしの私語が続いて、うるさい。注意したが、きちんとした謝罪がなく食べている途中で会計して店を出た
		足元の荷物入れが汚れていて、使いたくない
		カウンターの端でおしぼりを詰め直しているときにビニール袋が何度か飛んできて、スタッフに言うと、無言でビニール袋をとるだけ
		肉は美味しかったけれど、スタッフの教育ができていないと思う
38	注文対応	半額キャンペーンが使えているのかどうかわからなかった
39	予約対応	混んでないのに混んでるとウソをつかれた
40	天井	エアコンの掃除をしたほうがいい
41	商品提供	オーダーミスがあった
42	天井	脂でギトギト、見ると気持ち悪い
43	商品提供	アイスを頼んだ際にスプーンが足りなかった
44	注文対応	声が小さくてお肉料理の説明が聞き取れなかった
45	ボリューム	牛タンが安くなったのは頼みやすくていいと思いましたが、厚みが薄くなって、この店の良さが半減したような気がしました
		他の店と変わらないかなという印象です

が重要です。これによって、客観的な改善点が見つかることが多々あります。
そのアンケート結果を真摯に受け止め、自ら改善点を探すのか、アンケートの意見をスルーして改善しないか、この積み重ねでお店の1か月後、3か月、半年後の業績が変わるといっても過言ではありません。

極論ですが、アンケートを突き詰めていくと、お店のクオリティもサービスの質も清掃、清潔面も必ず改善していきます。

Googleの口コミや食べログでのコメントも大切ですが、アンケートをわざわざ書いてくれるということは、お店のことを思って書いてくれるお客様であるので、非常に参考になります。

もちろん、変えなければならないところと変わらなくてもよい点があるので、いろんな人の意見を聞きすぎて、迷子にならないように注意は必要です。

改善点を指摘しているアンケートを抜粋し、具体的な改善案を書き出し、誰がいつまでに取り組むかを明記し、実践します。この繰り返しを毎週実施することで、よりよいお店になっていきます。

もちろん、アンケートはわるい部分ばかりではなく、よい意見もたくさんあるので、よい意見はスタッフ同士で共有し、承認し合います。ただ、繰り返しになりますが、アンケートはあくまでも自社の改善策を見つけるための手段なので、マイナス意見から目を背けないことが特に重要です。

方法は無限大 ——現状を打破する「ものの見方」

「今の状態を何とか変えたい」——そう願う人は多いはずです。

「仕事がマンネリ化してつまらない」「新しいアイデアが出ない」「いやな上司と付き合っていかなくてはならない」……。

こうした現状を変えるには、環境や相手を変えるのではなく、「自分の見方」を変えることで問題は解決するものです。行き詰った時に大切なのは、自分のものの見方です。

その方法は以下のようなものがあります。

ポイント❶ 「思い込みの壺」にはまっていませんか?

行き詰っている時は、自分の視野が極端に狭くなっています。どっぷりと自分の「思い込みの壺」にはまっているのですね。それは探しものをしている時の状況とよく似ています。

たとえば、セールスパーソンが「ここを攻めれば売上が上がるはず」と思ったポイントはまったくダメだったのに、ふと目先を変えてアプローチしたとたんに結果が出ることがよくあります。

つまり、自分がここと思い込んだ世界の中しか思考が働かなくなるのです。

ポイント❷ 「今」しか見ていないと行き詰る

写真をご覧ください。タマゴになにやら印字がしてあります。

さて、このマークは何を意味しているか、おわかりでしょうか？

わかりましたか？　タマゴが茹で上がると、この印字が浮かび出て、知らせてくれるマークです。

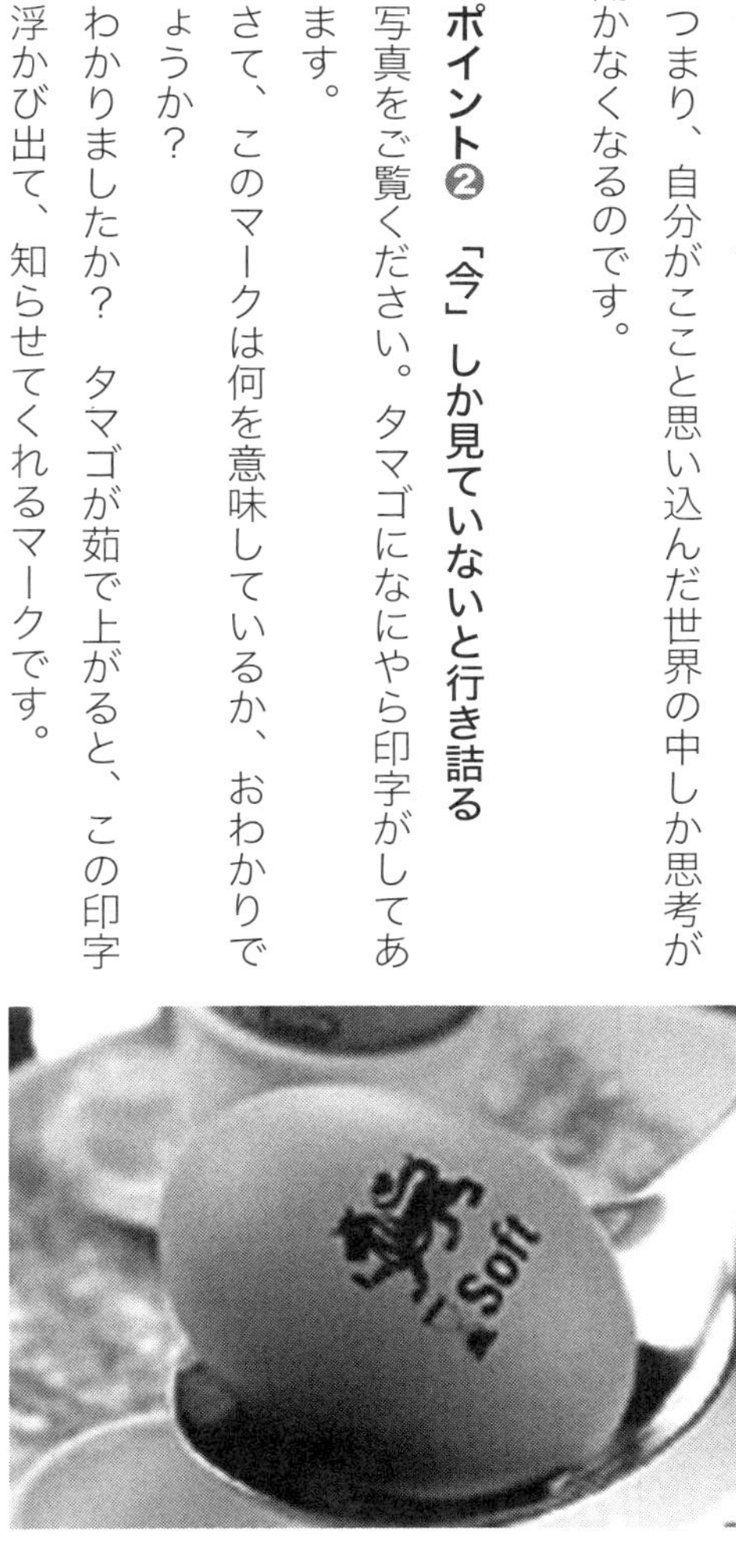

便利ですね！　これは、以前イギリスの新聞で見つけたものです。

この問いが難しいのは、茹で上がった「今」の情報しかないからです。もしこの写真の隣に茹でる前の写真があれば、すぐに気がつくはずです。

探しもののケースは場所が問題でしたが、このケースは、考慮に入れる時間の幅が問題です。過去とあわせて「今」の現象を見ればすぐにわかるのに、「今」だけの情報に頼っているせいで答えが出てきにくいのです。

ポイント❸　現状を打破するための3つの視点

《鳥のように全体を見る》

まずは問題に入り込む前に、全体をゆっくり見渡すことが大切です。鳥瞰(ちょうかん)的な視点のことを英語でbirds-eyeと言いますが、まさに鳥になった気分で、目の前の問題だけでなく、全体を落ち着いて眺めてみましょう。視野が広がることで、解決の糸口が見えてくることがあります。

《視点を移動して見る》

たとえば、上司から「明日までに、コレとアレをやっておいて。急ぎで！」と無理な仕事を振られたりした時、多くの人は「えっ、そんなの自分のキャパじゃ無理やわ」と思うはず。

つまり、そのことを「問題」と捉えているのですね。しかし、少し視点をずらし、これを「自分にとってプラスかも」という見方をすると、

「無理なリクエスト ⬇ 自分のキャパを広げるチャンス」と見ることもできるはずです。

《ゼロベースで考える》

現状に行き詰っている時、多くの場合、業界の常識や慣習、大勢の意見にとらわれています。今の現状をもとに議論を始めても、状況をブレークスルーするような大胆な発想は出にくいものです。

いろんな状況や条件を考えず、シンプルに問題に向かうとまた違った答えが出てくるものです。

第6章

数字に弱いあなたが押さえなければならないポイント

ザ・どんぶり勘定大好きスライム

この章は、ほとんどの経営者にとって、一番頭が痛い内容になってくるかと思います。詳しく書けば書くほど頭の中がウニってくるので、この章では飲食店経営で必要最低限、習得してほしいことだけを実体験をもとに解説していきます。

私は27歳の時に独立しました。当時は経営というものをまったく勉強しておらず、お店の売上から翌日の買い物、支払い、自宅の家賃、光熱費、飲み代を捻出していました。残ったお金を通帳に入れて、今月は儲かったのか儲からなかったのか、という経営をしていたのです。1年間は帳簿なんて付けることなんてなかったのです。なかなかやばいスライムですよね。

「数字のことは嫁さんまかせ」「数字を見たら頭が痛くなる」「なんでどんぶり勘定ではあかんの？」と尋ねられることがあります。さまざまな理由がありますが、特に、「税金」と「銀行との関係」でめちゃくちゃ不利になることがあります。

どんぶり勘定の経営者は、試算表や決算書の作成をサボったり、税理士に作成してもらっても目すら通さないのです。確定申告期限ギリギリに適当に数字を合わせて提出したりする方も多いですが、証憑書類もそろっていないことが多く、結果的に、「経費の内容が不明瞭」ということになります。

そんな状態で税務調査が入ると、言われるままの税金を支払わなければならない羽目になります。だって、経費計上できる証拠がないですからね。多少、逃げ道もあるのですが、よくある解決策は「社長貸付金」処理というものがあります。これは結局、会社の経費扱いではなくて社長個人の経費として処理するということです。

ということは、結果的に、その支払いが会社の経費ではなく「余分な税金」を支払うことになってくるので、つまり、「節税できない＝余分な税金を支払っている」ということになってしまうのです。

どんぶり勘定の会社には、銀行はお金を貸しにくい

どんぶり勘定の会社では、不明瞭なお金の出入りが発生しがちなので、決算書に「仮払金」や「貸付金」「立替金」などが計上されます。

銀行は融資する時、「資金使途」をかなり重視します。たとえ事業がうまくいっている会社であっても、決算書に「仮払金」などが多額に計上されていると、「貸したお金はいったい何に使われるのか？」と、ヘンに疑われてしまい、融資を断られることが多くあります。

どんぶり勘定の経営者は、論理的に数字をもって自社の現状を説明できないので、銀行の担当者に与える心証はよくありません。

もし、融資を受けられたとしても、格付融資における定性評価（この会社は経営者が

〇〇〇〇といった銀行員の印象や感想）を下げる要因にもなります。そうすると、金利条件などがめちゃくちゃ不利になる可能性があります。

銀行は、どんぶり勘定の会社にはお金を貸しにくいということを覚えておきましょう。

どんぶり経営は、「入るお金」と「出るお金」の管理がいい加減ということなので、今や大きな失敗が許されない中小企業の場合、どんぶり経営からの脱却が成功と失敗の分かれ道になるといっても過言ではありません。

スライムからの脱皮の第一歩はドンブリ経営からの脱却です。

決算書は「経営の通知表」

あなたは、「経理」と「財務」の違いを理解していますか？

私は経営者になって当初、この言葉の意味をまったく理解していませんでした。このふたつの意味の違いをわかったとして、「今後の経営にどうつながるねん！」って反抗的だったのを思い出します。

しかし、この本を手にとった以上は、経営者としてしっかりと認識していきましょう。今のうち少しでも理解できると1年後、2年後の将来が変わってきます。

「経理」という言葉はよく耳にしますね。毎日の売上や仕入を帳簿につけて、毎月出ていくお金と入ってくる売上を計算する作業です。

日々の営業が忙しく、家に持ち帰って毎日帳簿を付ける体力がなく、どんどん日々の作業を溜めてしまったりしていませんか？　毎月まとめて伝票や領収書を顧問税理士に送り付けている方もいるかと思います。それは良しとしても、毎月税理士から提出される試算表を見ようともしないのは、それは今すぐ改善してください。

試算表の各項目の意味が最初はわからないと思いますが、そこは顧問税理士にお願いして、しっかりおさえなければならないポイントは理解するようにしてください。

最初は見慣れないことが多いと思いますが、これは慣れです。試算表を見て会社やお店がどういう状態であるかわかるようになると、あなたのお店の弱点がわかり、早急に業務改善することができます。

「経理」とは、「経営の管理」を意味します。お店の経営状況は、すべてこの経理に表れます。いわば『経営の通知表』なのです。

金融機関は、通知表の成績がわるいお店に融資してくれるでしょうか？

夢であったマイホーム購入のためのローンが通ると思いますか？

あなたのお店をよくするために、家族や従業員の幸せを本当に願っているのなら、少しでもよい通知表にしていかなければなりません。

毎日、毎月の経理チェックは細かく徹底的にやらなければなりません。苦手だからできないというスライムは駆除して真摯に経営に向き合ってください。

小さい経理上の誤差も、小さな傷口にバイ菌が入ってくるように、やがて大きな病巣となって、経営を圧迫してしまいます。どんぶり勘定経営で経理がおかしなことになってくると、経営を見直す指針を失います。

何が間違いで何が正しいのか、何が原因で苦境にあるのか、などの真因がわからず路頭に迷ってしまいます。帳簿の狂いは、そのままお店の運営管理にも大きな影響を及ぼすのです。

「財務」は未来のマイルストーン

そもそもの大前提として、経理は「すでに起きたお金の管理をすること」です。つまり、「過去」の会社のお金の流れに沿って、日々の取引の記録をしたり、決算書をつくったりします。

それに対して財務は、「これから動かすお金の管理をすること」にあります。会社の「未来」に向かって、お金が残る仕組みづくりをすることにあります。

具体的には、儲けを最大化するための損益管理の仕組みづくりをしたり、売上も借金も増やすことなく最終的に残るお金を増やすための手段を考えたり、経費をかけず節税対策をしたり、金融機関と上手に付き合うための戦略を考えたりすることなどです。

また資金だけでなく、人材や設備、在庫などの経営資源をどこに投下して、さらに利益をつなげていくのかを考え、実践していくのも「財務」です。

特に小規模の個人事業主の経営者にとって、おざなりになるのがこの財務です。日々の業務に追われすぎて、数字の意識が甘く、半年後、1年後、3年後の未来を考える余裕すらありません。

私もよく現場に入っているのでわかりますが、飲食業はとても激務です。しかしながら、今より少しでも業績を上げていくためには、未来の計画をしっかり立てないと、少なからず将来への不安を抱え続ける毎日になります。いやなこと、面倒臭いことに目を逸らさないで、少しずつでいいので真摯に「経理」と「財務」に向き合っていきましょう。

「売れる商品」と「儲かる商品」は違う

よくあるあるなのですが、メニューの価格を単純に原価から決めていませんか？

たとえば、原価が250円で、減価率30％だから830円で販売だ！って感じです。

でも、すべてがこのような価格設定だと、あなたのお店は何の個性もなく魅力を感じることができません。

原価30％計算で、
●生ビール　原価200円↓650円
●枝豆　原価80円　↓270円
●焼き鳥盛り合わせ　原価300円↓1000円
すべてのメニューがこの算出方法だとどうでしょうか。

あまり魅力を感じないですよね。どこにでもある普通の居酒屋です。

商品の価格設定は、地域性にもよりますが、たとえば
●生ビール　原価２００円↓４００円（原価率50％）
●枝豆　原価80円　↓３８０円（減価率21％）
●焼き鳥盛り合わせ　原価３００円↓１２８０円（減価率23％）
生ビールは減価率50％で、これだけ見れば「儲けがない」と思うかもしれません。しかし、この安売りビールは「売れる商品」のカテゴリーに入れ、お客様の来店動機を上げる大きなきっかけとなります。

そして、あなたのお店の名物料理や誰もがついつい注文したくなるおつまみの商品の減価率を下げ、「儲かる商品」を作り上げていくのです。

料理全体の平均で原価率30％という考えにシフトすることで、魅力的な集客もでき、原価や客単価を下げないメニュー構成が出来上がってくるのです。

居酒屋メニューで申し訳ないのですが、当店のメニューを参考に解説していきます。

この『今月のおすすめ』の「売れる商品」は右下にある、『白州』『山﨑12年』です。

ウイスキーの高騰により、プレミアムウイスキーが気軽に飲めないようになってきました。『山﨑12年』については、1杯あたり4～5千円すると言われています。

この価格帯での提供はウイスキー好きの方にはたまりません。愛好家の方はすぐにSNSや口コミを通して拡散してくれます。

そこで「このお店に行ってみようか」という来店動機が生まれます。

このプレミアムウイスキーは、本当に入手しづらく、ネットで購入したりするので、その時によって価格変動があります。それを平均すると減価率は60～70%

くらいになります。ウイスキーだけ見ると、利益は少ないということは理解できるでしょう。

では、本来得るべき利益をどこでつくるのかというと、ウイスキー以外のフードメニューとなります。それが「儲かる商品」となるのです。私は、すべてのフードメニューの減価率を20％以下に設定しました。フタを開けてみると、この月の原価率は27％となりました。

なぜ、そのようなことが起きたのかを検証すると、確かにプレミアムウイスキーの注文がたくさんあったのは事実です。しかし、ウイスキーを飲まない方の来店数が多かったということと、定番メニューよりおすすめメニューの注文数のほうが多かったというのが要因でした。

このように、メニュー構成を変えるだけで、毎月さまざまな気づきを得ることができます。

あなたのお店の「儲かる商品」「売れる商品」は何ですか？　もし、パッと出てこないなら、これを機に構成を考えてみてはどうでしょうか。

重点経営指標（ＫＰＩ）は必ず把握しておく

飲食店経営はトライアスロンみたいなものです。決して短距離走ではありません。毎日の営業結果を積み重ねていくことが週間・月間・年間の売上をつくっていくことになります。

長い間走り抜いていくためには、自分で目標設定した売上・利益をしっかりと達成できているかどうかを、結果だけでなくそのプロセスも見ていくことが必要です。

まずはＦＬコストを把握していきましょう。

飲食店の経営指標として売上・経費・営業利益を見るのは当然ですが、飲食店において売上をつくるために最も大きく影響してくるのが「ＦＬコスト」です。food（食材原価）

とlabor（人件費）を足したコストのことですが、まずはこの**FLコストが売上高に対して60%以下**になるようにしていきましょう。この比率を「FL比率」と言います。

このFLコストにR（lent）すなわち家賃を足したものは「FLRコスト」と呼ばれています。**飲食店の売上高FLR比率は70%以内**、すなわち家賃比率は10%以内にすることを目標にしましょう。なぜなら、70%以内にしておかなければ、その他にかかる減価償却費・リース料・水道光熱費・消耗品費・販促費などを計上していくと、利益がほとんど残らなくなってしまうからです。

それから**客数と客単価の増減率・数**を見ていきましょう。

「売上＝客数×客単価」ですが、この各指標が前月対比でどれだけ増減しているかを毎月把握するようにしてください。

客席の面積を増やすことはできませんが、客席数を増やすことは可能です。

たとえば、テーブル席の椅子を壁際の分だけベンチシートに変更することで、従来4人しか着席できなかったテーブルに5名のお客様が座ることが可能となります。このほかにも、少人数で来店のお客様には積極的に相席のお願いをすることで客席稼働率が

■戦略的なF/Lコストの設定

戦略的F/Lコストの設定とは、食材の質を落とすことでも、従業員の給与削減や人員削減を行うことでもありません。

- 「**食材の廃棄量を減らす**」ことで原価率を下げます。適切な量の仕込みを再確認しましょう。
- 労働力最大化のために、シフトを見直しましょう。

2人/時間で可能な作業を3人/時間で行っていないかなど、最適人員配置を再度検討することで、人件費が改善されることが多々あります。

F/Lコスト ＝ 原材料費（FOOD） ＋ 人件費（LABOR）

FL率 ＝ FL（材料費＋人件費） ÷ 売上高

※たとえば家賃の10倍ぐらいの売上の店舗では、このFL比率を55％程度に設定する。

高まり、結果として客数を増やすことができます。

仮に客単価が3000円の居酒屋で1日に5名の客数を増やすことができたとすると、1万5000円/日の売上がアップします。定休日なしの店舗の場合では、1か月の売上が45万円、年間にすると540万円も売上がアップするのです。

次に、**「客単価」の増減**を見てください。客単価3000円、1日の客数が50名の場合、売上は15万円です。この店の客単価が1割アップしたとすると、1日あたり1万5000円の売上アップ、1か月に45万円、年間540万円も売上アップします。

つまり、**客数を1割、客単価を1割アップすることで、年間約1000万円以上の売上をアップすることが可能**となるのです。

今回の計算ではそれぞれの増加数を計算に入れてはいませんが、客数・客単価ともに伸ばすことができたとすると、さらに年間売上は増えていきます。

「客席回転数」も重要なKPIです。客席回転数は、1日に来店してくださったお客様の数を座席数で割ることで計算できます。座席数が50ある飲食店に100名のお客様が来店された場合は、2回転したということになります。

客単価が300円の店の場合、1回転しかしないのと2回転するのとでは、売上が倍になるということです。回転数（率）を上げるためには、お客様が席に座っている時間を極力短くすることが重要です。つまり、お客様が席に座られてから注文するまで、注文後に料理・飲み物を提供するまで、食事を召し上がったあとに席を立つまでの時間を短くするのです。

回転率を上げるためには、注文を素早くとりにいく、スピーディに調理する、調理が完了したらすぐに料理を提供する、食べ終わったお皿は失礼にならない程度に早めにバッシング（bussing）する、などを徹底します。

ただし、**アイドルタイムと呼ばれる暇な時間帯においては、お客様が席に座ってくださっていること自体が販促効果につながる**ので、無理に退席を促さず、ゆっくりしていただくようにしましょう。

飲食店経営で利益を出し続けるためには、単純に美味しい料理をつくってお客様に提供しているだけではいけないのです。

スライム状況から脱却して、上記の重点経営指標は必ず把握しつつ、それ以外にもさまざまな数値を分析することで、「業績が傾いて閉店せざるをえなくなった」などという悲しい状況を生み出さないように気をつけましょう。

理論原価率と実際原価率を理解する

「理論原価」という言葉を聞いたことはありますか？

これはコストを効率的に管理し、利益を最大化するための重要な概念です。理論原価の基本概念から「差異分析」や活用法までを解説していきます。

理論原価は、商品やサービスのコストを適切に把握し、生産効率を高めるために使用される概念です。これは、無駄を省きながら最適な生産計画を立てるための基盤となります。

理論原価とは、商品の生産にかかるコストを最小限に抑えながら品質を維持するための理想的なコストです。これは生産工程が完全に効率的であると仮定した場合のコストを示します。

この理論原価を知ることで、会社は生産計画を最適化し、コストを管理するうえで重要な基準をもつことができます。それによって利益率を向上させるための戦略を立てることができるのです。

■理論原価と実原価の違い

理論原価と実原価は、コスト管理において重要な2つの概念です。理論原価は、最適な状況での理想的なコストですが、実原価は実際にかかったコストです。この2つの違いを理解することは、生産プロセスの効率性を評価し、必要な改善を行ううえで重要です。理論原価と実原価の差異を分析し、生産活動の最適化に取り組む必要があります。

■実原価とは

製品を生産する際に実際に発生したコストのことです。これには、仕入代、食材ロス、厨房機器の使用料（リース）など、生産に必要なすべてのコストが含まれます。

実原価を知ることは、会社が利益を計算し、生産活動が計画通りに進んでいるかを評価するうえで不可欠です。また、実原価をもとに価格設定を行うこともあります。

総合原価率だけで管理するのではなく、分解して管理する

原価率と一口に言っても、食材の原価率とドリンクの原価率、もっと細分化すれば宴会メニューの食材原価率、宴会のドリンク原価率など、原価は細かく分解することができます。

原価が上がるというのは、どこかに必ず原因が存在するわけで、どの部分の数値がその要因になっているのかがわからなければ、対策を立てようがなく、原価率を下げることはあまり期待できません。

数値を分解して管理していれば、**どの部分が原価率を上げている要因となっているか**がわかり、対策も立てやすくなります。

あなたのお店で、原価率を「総合原価率」だけ管理している場合は、原価率が上昇し

■利益が出やすい収益構造を意識しよう

利益が出やすい収益構造 ＝ 今月のリピーター数 ＞ 前月のリピーター数

※その商品・サービスのリピーター数が増え続けていることが繁盛店の収益構造

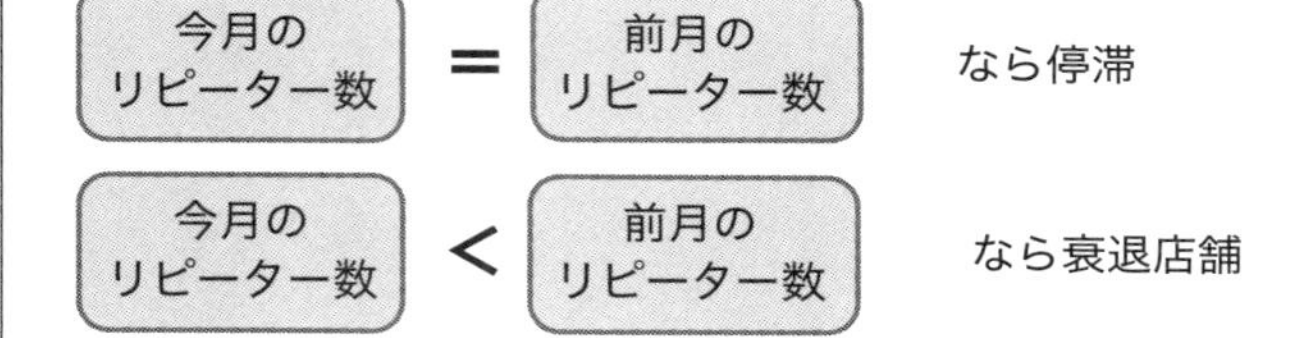

したがって、繁盛店になるためには、**「新規の集客数が失客数を毎月上回ればいい」**ということになります。

そのためには、**「新規のお客様を増やす」**か**「失客を防ぐ」**かということになりますが、まず新規のお客様を呼び込む前に、既存のお客様に満足していただける仕組みを構築しておくことが肝腎です。どれだけ新規客を呼び込んでも、1回の購買で終わってしまいます。新規客の開拓にはコストがかかりますし、限界があります。まず**既存のお客様をいかにリピーターになっていただくかが重要**です。

一度来店したお客様が、満足して、知人に話したり紹介して、**「紹介」「口コミ」**で新規のお客様がやってくる。これが一番いい**「繁盛店の常勝サイクル」**です。

ている原因が見つけにくくなりますから、**「フード原価率」「ドリンク原価率」などに分けて管理する**ようにしてください。

■原価率が上昇する理由として考えられる要因をすべて検証する

どの部分が数値を上げている要因になっているかがわかれば、次は、先ほど考えた「原価が上昇する原因」をひとつずつ検証していきます。

■原価が高い商品が原価率を上昇させている場合の改善手順

①理論原価率と実際原価率の差を算出し、その差がない場合は、原価が高い商品がたくさん出たことが原価率が上昇した要因であることがわかる。

②商品別原価分析表やカテゴリー原価率分析表から、どの商品が原価率を上昇させている要因であるのかを突き止める。

③原価率を上昇させている商品がわかれば、その商品の原価を見直すか、もしくは、他の原価率の低い商品の販売数を伸ばすことを検討する。

■原価の高い商品がたくさん売れている場合

原価率が上昇してしまった場合、まず、「理論原価率」を確認することから始めましょう。理論原価率は、各商品の原価率とその商品の出数から算出します。つまり、ロスを加味しない場合の原価率ということになります。

さて、私たちが日々管理しているのは「実原価率」というものです。皆さんのお店でも**「毎日の仕入金額÷売上」**で原価率、これは実際には「仕入率」になりますが、この数値を日々管理していますか？ やってそうでやってないし、できそうでできないことではあるのですが、もしこの日々の作業を習慣化することができれば、絶対に現状よりよくなります。

これは、ロス、在庫もすべて含めた数値です。理論原価率の算出方法を解説しましたが、必ず実際原価率のほうが高くなります（ロス、在庫を含むため）。

この**差が3％以上であれば、原価率の高くなっている要因は「ロス」**の可能性が高くなります。

反対にその**差が3％以内で、実際原価率が店の基準値より高い場合は、原価率が上昇している要因は「原価率が高い商品がたくさん出た」ということ**になります。

このようにして、どのカテゴリーが原価率を高くしている要因なのかを突き止めるのです。そして、どの商品が原価率の高い商品なのかを見つけ出し、その商品の原価をどうするか検討するわけです。その商品の原価を見直すということです。

ただ、その商品が戦略的に原価率を高原価にしている場合（たとえば前述のプレミアムウイスキーなど）は、他の商品カテゴリーの中で原価が低く、商品力の高い商品の販売数を伸ばすような対策を立てるのです。

人件費率の改善方法

頭が痛くなる第6章も最後となりました。本当は、もっと細かいことをたくさん書きたかったのですが、これ以上細分化していくと頭がパンクしてしまう可能性がありますので、本書では必要最低限のさわりだけ解説しました。

もし、本書の売れ行きが好調で第2弾を出版する機会があれば（私の目論見では2025年の秋までに出版）、その時はさらに詳しく解説させていただきます。

きっと第1章から6章までの間で、実践しなければならない項目、試してみたい販促がいくつも出てきていると思います。あれもこれもとなると中途半端になってしまい、かえって悪循環になる可能性もあるので、今回はこのくらいにしましょう。スライムからの脱却は容易にはいかないと思いますから（笑）。

■金額ではなく「時間」に着目させる

多くのお店では、人件費管理が「結果主義」になってしまっています。

どういうことかと言うと、月末に人件費率を見て、「あ～あ、今月の人件費が35％になってしまったなあ～、今月は人件費を使いすぎたなあ」と反省する方が多いということです。

このように月末になって初めて反省するケースが多いのですが、なぜ、このような事態を招いてしまうのでしょうか？

その理由は次のようなことが考えられます。

●計画段階（シフト組み）では、どの程度人件費がかかっているのかを把握していない

毎日の人件費の管理（アルバイトの給与を計算し、月々いくら人件費がかかっているのか管理する）はやっているお店が多いかと思いますが、計画段階で売上予算から使える人件費を計算し、それに基づいたシフト組みをやっているお店は少ないようです。

●なぜ、計画段階での人件費の算出が必要なのか？

毎日どの程度、人件費を使用していいのかを意識するのとしないのとでは、数値に大きな開きが出るからです。原価率を下げるひとつの方法としては、それぞれの商品ごとにレシピを作成し、原価まできちんと把握し、「どれが出れば原価が上がるのか、あるいはどれが出れば原価が下がるのか」を意識して仕事に取り組むことです。

これをスタッフ全員で意識してすることができれば、結果が大きく変わってきます。

人件費管理も同じことで、ただなんとなく、「これくらい必要」とシフトを組むよりも、売上予測から適正な人件費額を算出し、それにできるだけ合わせるようシフトを組めば、シビアにアルバイトの勤務時間等をコントロールすることができるはずです。

つまり、**「逆算式」でシフト組みをする**ことが大切なのです。

1か月でこれくらいしか人件費は使えない。「その時間帯には、これだけ」。その中でシフトを組む。これが、今やるべき人件費管理なのです。

■人時売上高活用によるシフト計画の策定

「逆算式」のシフト組みの手順をご紹介しましょう。

❶シフトを組む前に、毎日の想定売上を算出する

人件費をうまくコントロールできないお店の一番の理由は、売上に応じたシフト組み

ができていないということです。

つまり、売上が20万円しか見込めないにもかかわらず、実際には25万円のシフト組みを行っているケースが非常に多いのです。いくらアルバイトを早上がりさせても、もともとの人員が多いわけですから、少しくらいアルバイトを早上がりさせても人件費の削減には効果が出ないのです。

逆算式でシフト組みを行うためには、１か月間にどれくらい「時間」を使っていいのかを算出することが必要です。

そこで、過去の傾向、または、直近３か月の売上推移から、「想定売上高」を設定します。これは目標売上や予算ではなく、過去３か月くらいの傾向から売上予測を行うことです。

❷１か月の適正労働時間を算出する

１か月の想定売上を算出すると、次は１か月に使える「労働時間」を算出します。

そこで、**人時売上高（売上÷総労働時間）**を活用します。

この人時売上高というのは、オペレーションが効率的に行われているかを分析するための数字です。人時売上高が低ければ人数をかけすぎということであり、また高すぎれば、もしかするとお客様に迷惑をかけている可能性もあるということがわかります。

なぜこの人時売上高という数字を活用するかといえば、労働時間数をこの数式から算出できるからです。

実際に算出する方法としては、たとえば、売上予測額が、500万円だとし、目標人時売上高を5000円だとすると、

500万円÷5000円＝1000時間

この1000時間というのが1か月に使える総労働時間です。

この労働時間は、社員の労働時間も含まれますが、あくまで「営業時間中」のみで計算するようにしてください。

❸1か月に使える労働時間に応じて前半、後半のシフト組みを行う

1か月に使える労働時間を算出したら、次はこれを2分割、つまり前半と後半に分けてシフト組みを行います。先ほどの例であれば、1か月に使える労働時間は1000時間ですから、前半では500時間使えるということです。

前半と後半に分けてシフトを組むのは、前半は月初の売上予測に応じてシフト組みを行うわけですが、前半の売上傾向から、もし売上が低ければ後半のシフトをより少なくする必要が出てきますし、売上が想定以上であれば、人員を多く入れたりするなど、ス

ピーディに対応するためです。月に2回シフト組みを行うのが効率的だということです。

■人件費率を3%削減するための改善方法

●「時間」を減らすことに着目する

A店のある月の人件費率は33%で、目標の30%には届きませんでした。来月、30%にするためには、どうすればいいでしょうか?

【前提事項】

- 今月の売上は600万円。翌月も600万円だと仮定する
- 社員は1人で給与は30万円
- アルバイトの平均時給は1100円とする

① 人件費率33%の場合の人件費額とアルバイトの労働時間を算出

- 人件費額を算出　600万円×33%=198万円
- アルバイトの人件費額を算出　198万-30万=168万円
- アルバイトの労働時間を算出　168万÷1100円=1527時間
- 答え　1527時間

② 人件費率30％の場合の人件費額とアルバイトの労働時間を算出

- 人件費額を算出　６００万円×30％＝１８０万円
- アルバイトの人件費額を算出　１８０万円－30万円＝１５０万円
- アルバイトの労働時間を算出　１５０万円÷１１００円＝１３６３時間
- 答え　１３６３時間

③ ①と②の労働時間の差を算出し、労働時間を削減するために、どんな改善をするか

33％と30％のアルバイト労働時間の差

１５２７時間－１３６３時間＝１６４時間

この計算から、１か月に１６４時間の削減が必要だということがわかります。

１６４時間削減というと「絶対ムリ」と感じるかもしれませんが、１日あたりに換算すると、１６４時間÷30日＝5時間30分です。

人件費を削減するというと、すぐに「１日あたりの人数をどう減らすか」を考えがちです。しかしながら、それではオペレーションレベルが低下し、かえってお客様の不満が増え、売上が下がる可能性があります。そこで、**１日あたりどの程度時間を削減する**

必要があるのかを算出し、この場合であれば、5時間30分を削減することを考えるのです。

そこで着目すべきところは、まずはオープン業務とクローズ業務です。

たとえば、これまでオープン業務を4人で2時間かかっていたとすると、まず1人の出勤時間を1時間減らし、2時間かかる作業の最初の1時間を2人でできるように考える。そして、1時間30分後に残りの1人が営業時間が過ぎた30分後に出勤するようにすると、これで3時間30分減らすことができます。

クローズ作業も同じように考えれば、時間は減らすことができます。

次は、早い時間帯に必要以上に人数をそろえていないかなどを検証します。メニュー数が多すぎる場合、どうしても仕込み時間が多めにかかってしまいます。そこで、メニュー数を見直すことができれば、仕込み時間を減らしたり、**仕込み時間を効率化する**ことができ、他の時間のアルバイトの仕事時間を減らすことができるのです。

「何時間減らさなければならないか」

この視点をもてば、人件費をうまく削減し、効率よく運営できるようになるはずです。

家賃の値下げはしつこく交渉する

経費削減の仕事は経営者の役割です。固定費（毎月絶対にかかる費用）の削減ができれば、経営状況は少しずつでも楽になります。

光熱費削減の手段はいくつかありますが、地域によってやり方が異なってくるので本書では割愛させていただきますが、家賃交渉は貸し手側との交渉になるので、その気になれば今日からでも交渉の余地があります。

私自身、家賃交渉を何度も行ってきましたが、最初は一切聞く耳すらもってくれなかったのが現実です。そこで諦めるのか、しつこく粘り続けて何度も交渉するのか、というメンタル勝負となってきます。

店舗の築年数、周辺の家賃相場、人通り数などの資料を用意して、**説得するのではな**

くて、納得させるのです。あなたがそういうのが苦手なら、家賃交渉を専門にしている会社も存在します。完全成功報酬で、手数料は、値引額の半年分前後必要となってしまいますが、中長期的に考えれば安い投資だと思います。

私の場合は、何度も断られましたが、大家さんと会うたびに、「本当にしんどい」「お店をたたみたくない」「本当に助けてください」と会うたびに懇願しました。偶然、どこかで大家さんを見かけると、わざわざ走って挨拶しにいき、大家さんが誰かといても関係なしに、家賃を下げるお願いをずっとずっとしまくっていました。

結果的に大家さんは観念したのか、家賃を5万円引いてくれるようになりました。これを年間で考えると60万円の経費削減となります。10年で考えると600万円ですよ。

私の粘り勝ちですね。この家賃交渉がまとまった時には、私自身誇らしく思いました。きちんと経営者としての仕事を全うできていると。

あなたも、一度どの経費を落とすことができるのかを整理してみましょう。そして整理ができたら即行動です。ネットの普及が著しい世の中ですから、本を買わなくても「飲食店経費削減」と検索するだけでいろんな情報を得ることができます。あらゆる情報の中からあなたのお店でできる手段を選び、削減していきましょう。

ＦＣ加入はどうなのか？

ＦＣ店を募集している企業はたくさん存在します。業種・業態は多種多様です。業態に魅力を感じ、興味をもって加盟料を確認したら、思っていた以上に高額すぎて諦めた経験はないでしょうか？

では、何を基準に、加盟料の高い・安いを判断しているのでしょうか？　まずは、ＦＣ加盟における「デメリット」「メリット」を解説していきます。

■ＦＣ加入のデメリット

●オリジナル商品を提供することができない

フランチャイズは、実績のある商品・サービスを提供することができ、かつオペレーションも決まっています。それがメリットである反面、オーナーが独自に考えたオリジナル商品やサービスを提供できないケースもあります。「絶対に売れる」という確信がある商品を考えついても、実際には提供しにくいのがフランチャイズです。そのため、自身で勝ち筋が見えている商品・サービスがある場合は、フランチャイズ加盟には向きません。

ただし、ＦＣ本部によっては独自の商品提供の相談や、開発のアイデアの提案ができる場合もあります。

●ロイヤリティが発生するので、利益がすべて自社のものにならない

ＦＣに加盟すると必ずあるのが「ＦＣ加盟金」「ロイヤリティ」「その他（販促協力金など）」です。このうちＦＣ加盟金は最初の契約時だけで、販促協力金などはテレビＣＭなど特別な販促を行うときのものですが、加盟店の経営に大きく影響するのが月々のロイヤリティです。これは業種業態、契約タイプよって違いますし、ＦＣ本部が全国的に有名であればあるほど高くなります。

たとえば、ロイヤリティが低いところでは「月額売上の１％」というところがあります。月次売上が５００万円のお店なら５万円です。また、１テーブル当たり〇〇万円と

定額制のところもあります。たとえば、1テーブル5000円の場合、20テーブルのお店なら10万円です。

ロイヤリティが高いからお店に不利、安いから有利、ということでもありません。本部が何をどのようにしてくれるのかによって違いますから、多角的に検討しておきたい重要な事項です。

●他の加盟店がクオリティダウンした場合、ブランドイメージが集客に影響

ＦＣに加盟すれば、そのブランド名だけで集客できる可能性があります。ですが一方で、本部や他店舗で不祥事などが起きたり、ブランド力が低下すると、経営に大きな影響が出ます。自分の責任や力量が及ばない範囲で経営に影響が出るリスクについて把握しておかなければなりません。

●ＦＣ契約満了後、同業での開業ができない

フランチャイズ契約満了後、一定の期間は競業する事業での開業禁止などの制限を設けている本部もあります。「競業避止義務」といい、ノウハウの流出を防ぐ目的があります。もし、ＦＣ加盟後に同業種・同業態で開業を検討する場合は、事前に本部に確認しておく必要があります。

■FC加入のメリット

●実績がある商品・サービスを提供することができる

個人でも法人でも一から売れ筋商品やサービスを開発するのは難しいことです。未経験の業界ならなおさらですよね。ですが、フランチャイズに加盟すれば、本部が開発した商品を扱えます。FC本部は「売れる」商品があるからこそ、加盟店募集をし、全国展開をしているとも言えるのです。すでに売れている、社会に必要とされている商品を提供し、ビジネスができるのがFC加盟の強みです。

●知名度がある看板で勝負ができる

フランチャイズに加盟すれば、そのブランドを店名にできます。そのブランド名だけで開業初月から集客できる可能性も!

たとえば、個人でコンビニを開業しても集客は難しいですが、大手コンビニにFC加盟すれば、一定の集客が見込めるのは想像できるでしょう。

また、本部がブランド力や知名度を上げるために、テレビCMなど広告戦略を展開している場合もあります。

●蓄積されたノウハウを活用できる

売れ筋商品を提供したり集客ができても、肝腎の経営や運営、オペレーションができなければ経営はうまくいきません。

フランチャイズ本部は、直営店や全国の加盟店から集まった成功事例や失敗事例に裏づけされたノウハウを蓄積しています。そのノウハウを研修や日々のサポートで学べることで、未経験や異業種からの参入でも安定した経営が見込めます。

また、売上・利益化を最短でつくることができ、蓄積されたノウハウがあるので資金があれば短期間で事業展開が可能となります。

●組織が大きくなると、仕入コストが低減されるので利益率が上がる

店舗数が増えてくると、アルコール・食材類を一括仕入れすることができます。そのため、他店と比べて安く仕入れることが可能となります。「たった1%しか変わらない」というスライムもいますが、1億円の1%は100万円です。その100万円であなたは何ができますか？　経常利益を1%上げるのは、簡単なようで難しいのです。

●FC経営者同士で情報交換ができる

FCによっては定期的に加盟店の経営者を集め、今後のビジョンや戦略・戦術会議を

行うところもあります。それぞれの店舗の売上報告もあるでしょう。そこで、「なぜ他のお店はうまくいっているのか」などの疑問や悩みを相談できる仲間が自然とできていきます。うまくいっているお店の取り組みを不振店が実践できるのもメリットです。

■FC加盟で留意すべき事項

- 重要連絡事項
- メニュー改変の有無
- 価格改変の有無
- POP等、販促物の変更
- クーポン等の変更
- 規約の変更など
- ふだんの業務等の説明
- 最近の不満や不安について解決するディスカッション
- 希望改善事項
- アイデアについての意見交換

■ＦＣ加盟で行っておくとよいこと

ＦＣ加盟によってすべてを本部にまかせるのではなく、よりよい店舗環境と商品内容でお客様をお迎えし、食事を心から楽しんでいただくためには、自店で取り組んでいく必要があります。また、社員・スタッフがやりがいをもち、健康に働ける職場環境についても取り組むべきことを確認しなければなりません。

たとえば、ＦＣ加盟で本部から提供される

- 外部講師による講義
- ロールプレイング研修
- グループディスカッション
- 衛生管理、接遇教育、商品力、人材育成、健康管理

といったさまざまな分野の店舗力向上について学んでいきます。

衛生管理に関しては、秋季から冬季にかけて活発化するノロウイルス対策など、各業態で起こりうる感染性食中毒の危険性や予防について、ＦＣ本部からの情報を具体的に確認することも重要です。

弊社では、元大手焼肉チェーンで店長を務めていたスタッフや元焼肉店店長などの優秀な転職組がたくさんいます。彼らなら独自のブランドで独立することもできると思います。ですが、彼らのような優秀なメンバーであっても、閉店していったお店をたくさん見てきているのです。

それはなぜか？

「運営」と「経営」は別物だからです。

お店を回すことはできても、立地選定、仕入先の開拓、業態開発、商品開発、メニュー設計、ＳＮＳ販促や広告宣伝などはできない人がほとんどです。今まで経験したことのないことがたくさん出てきて、どうすればいいのかわからなくなります。ですが、それらを怠ると売上は下がります。

フランチャイズならお店の営業以外のほとんどを、本部のノウハウや繁盛店の取り組みを共有して、サポートすることができます。

時代が変わろうと、繁盛のための原理原則の基本は変わりません。立地・業態をきちんとリサーチして、繁盛するかどうかの基準をＦＣ本部が明確にしてくれるのは、心強いことでしょう。

おわりに

キングスライムへの道

『なぜ9割の飲食店経営者はスライムなのか』というタイトルにしたのか――。

2019年の頃にホリエモンが自身のYouTubeチャンネルでこんな発言をしていました。

「飲食業界は経営センスのないスライム同士が戦っている。飲食もアパレルも資格がいらず誰でも参入できるから、わりとバカがやってるというか、経営が全然わかってない奴が山ほどいる」と。

この発言を聞いてから、私はずっと悶々としていました。憤りとかはなかったのですが、ずっとこの言葉が頭から離れませんでした。

それから間もなくして、コロナ禍が始まっていくのです。何度も繰り返される緊急事態宣言。お店の営業はできません。周りのお店を見渡すと、昼の弁当販売を始めていました。最初は700円前後だったかな。同じように他のお店も弁当販売を始めているから、販売価格が500円を切っている光景を目のあたりにして、「お互いに頑張っていきましょうね」とか言いながらも無意識に潰し合いを始めている。

1個の弁当に対しての利益は確実に100円を下回っている。生ビール1杯提供する利益よりも低い。1日あたり何個の弁当を販売するんやろう？　100食販売できたとしても、スタッフの人件費を払ったら、トントンにしかならない。

緊急事態宣言中はずっとこんなことをしていかないといけないのか？　俺には無理や。レッドオーシャンすぎる。最初は常連さんの好意で購入してくれるけど、パイは決まっているから、弁当販売は絶対にうまくいかない。私はそう結論づけました。

そして私は着眼点を変えて、このコロナ禍で需要と供給のバランスがとれていないのはどんなものがあるのか調べていったのです。

最初に着手したのは不織布マスクでした。中国のバイヤーから約5万枚のマスクを仕入れ、中小企業へ販売していきました。その後すぐに転売禁止になったので、軌道に乗せることはできなかったのですが、1か月弱で本来の店舗経営の3倍以上の利益を残すことができたのです。

児島氏は、自社でアルコールジェルを開発して販路開拓しており、私もそこに参入することになりました。生産が間に合わないくらい飛ぶように売れました。トータル約1・5万本販売して、しっかりと利益を残すことができました。他にも『地球グミ』もびっくりするくらい売れました。緊急事態宣言で学校も休みになり、子どもは家でYouTube生活。ある時、娘に聞いてみたのです。

「今、何が一番ほしい？」

娘は即答で、

「地球グミ。どんな味なのか気になるし、たぶん、子ども達みんな欲しいと思うで」

私はすぐに行動しました。韓国のビジネスパートナーから地球グミやイチゴグミなど注目度が高いグミを1万個仕入れることに成功しました。これもわずか1か月弱で完売することができました。

ほかにも、緊急事態宣言中、ラーメンスープの濃縮タイプ、ヤムニョムチキンソース、手羽甘辛ソースを開発し、それをアウトソーシングして、オリジナルブランドとして流通させています。これらの商品は緊急事態宣言だったからこそ開発することができた商品です。全国の飲食店に流通させていて、今では、営業外収益として計上できているので会社としてもすごくありがたい収入となっています。

緊急事態宣言から3か月経過しても、周りでは500円未満でまだ弁当を売り続けていて、なんと300円で販売しているお店もありました。いったいどこで利益取るねん。

失礼なことを言ってしまいますが、どんどん値下げし合っている弁当販売の光景を見て、スライムが生き残りをかけてお互いを潰し合っているように見えたのです。少し着眼点を変えたら他の販売もできるのに。数名の飲食店経営者の方に私の取り組みを伝えてはみたのですが、「俺にはできない」という回答が全員でした。

そこでホリエモンが言っていたことが理解できるようになりました。いつコロナ禍という長いトンネルから抜け出すことができるのかがまったくわからない状況の中で、自社・従業員・家族を守っていくためには、常に情報を収集して行動し続けていかなければなりません。

しっかりと経営の勉強をしていきましょう。私はさらにありとあらゆるマーケティングを徹底的に勉強していきました。その結果として、コロナ明けは毎月の過去最高売上を24か月以上更新し続けています。失敗もありますが、学べることもたくさんあるのです。

ホリエモンからすると私もまだまだスライムでしょう。しかし、雑魚スライムでも、勉強し行動していけばレベルを上げて強くなっていくことはできます。経験値を重ねて誰にも太刀打ちができないキングスライムを目指していきましょう。

金本　祐介

追記：本書でスライムのイラストを作成してくれた辻田健汰郎君を紹介します。２０１１年10月生まれの少年です。とても才能があり「大阪狭山ライオンズクラブ主催第36回国際平和ポスターコンテスト」で市長賞を受賞しました。辻田君への御礼の意味も込めて、本書に登場したスライムなどおもしろいLINEスタンプをご覧ください。（ＱＲコードから）

■著書プロフィール

金本祐介（かねもと・ゆうすけ）

1979年2月、大阪市生野区生まれ。株式会社トゥモロー顧問、株式会社クリオム顧問。大阪府和泉市『遊食彩宴居酒屋Jambo家』経営。第9回居酒屋甲子園関西地区優勝（2017年）。著書『心いってもうた』（セルバ出版）

2013年から、世界各国に約2000店舗ある飲食店（本社：韓国）で、経営コンサルタントとして経営改善やスーパーバイザー育成に携わる。コロナによる緊急事態宣言により飲食業界が壊滅状態の中、生き残りをかけて、共著者の児島雄太氏と提携、自社ブランドのアルコールジェルの販売に乗り出し、驚異的な売上でコロナ禍を乗り切る。コロナ禍の経験で得た教訓を駆使し、コロナ前比300％の売上をたたき出し、単月過去最高売上（24か月）更新中。

◇座右の銘　：自分の目の前に解決できない問題は現れない
問い合わせ先：jamboya3@gmail.com

jambo家HP

インスタグラム

児島雄太（こじま・ゆうた）

1986年2月、大阪府藤井寺市生まれ。焼肉こじまグループ代表。

2005年に父親が経営していた焼肉こじま本店を引き継ぐ。28歳の時には10店舗以上経営するも、資金繰りの悪化と劣悪なマネジメントにより全従業員が退職。正社員ゼロ、アルバイトのみの一人会社となる。その後も店舗の閉店は続き、30歳の頃には焼肉こじま本店の１店舗だけになる。縁があって、フィリピン・ダバオで焼肉店3店舗、ベトナム・ホーチミンで焼肉店1店舗をオープン。2020年に帰国後、フランチャイズ本部を立ち上げ、現在、東京と大阪で17店舗を経営し、全店舗黒字。年商1億円以上のお店にする独自の店舗づくりとマーケティングのノウハウを確立し、フランチャイズ展開により「世界600店舗」の目標を掲げ、2028年に国内50店舗を目指している。

◇座右の銘　：何も咲かない寒い日は下へ下へと根を伸ばせ。やがて大きな花が咲く
問い合わせ先：info@toratora-kojima.jp

焼肉こじまHP

インスタグラム

《マネジメント社 メールマガジン『兵法講座』》

作戦参謀として実戦経験があり、兵法や戦略を実地検証で語ることができた唯一の人物・大橋武夫（1906~1987）。この兵法講座は、大橋氏の著作などから厳選して現代風にわかりやすく書き起こしたものです。

ご購読は https://mgt-pb.co.jp/maga-heihou/ まで。

スライムイラスト　辻田 健汰郎
カバーデザイン　飯田 理湖
書籍コーディネーター　小山 睦男（インプルーブ）

なぜ9割の飲食店経営者はスライムなのか

2025年　3月　3日　初版　第1刷　発行

著　者　金本 祐介　児島 雄太
発行者　安田 喜根
発行所　株式会社 マネジメント社
〒101-0052 東京都千代田区神田小川町2-3-13 M&Cビル3F
TEL. 03-5280-2530（代表）FAX. 03-5280-2533
https://mgt-pb.co.jp
印　刷　中央精版印刷 株式会社

ISBN978-4-8378-0530-4 C0034